Pierre Le Bourgeois

Devenir Disciple Bien-Aimé

Pierre Le Bourgeois

Devenir Disciple Bien-Aimé

Propos sur la nouvelle évangélisation

Éditions Croix du Salut

Mentions légales / Imprint (applicable pour l'Allemagne seulement / only for Germany)
Information bibliographique publiée par la Deutsche Nationalbibliothek: La Deutsche Nationalbibliothek inscrit cette publication à la Deutsche Nationalbibliografie; des données bibliographiques détaillées sont disponibles sur internet à l'adresse http://dnb.d-nb.de.
Toutes marques et noms de produits mentionnés dans ce livre demeurent sous la protection des marques, des marques déposées et des brevets, et sont des marques ou des marques déposées de leurs détenteurs respectifs. L'utilisation des marques, noms de produits, noms communs, noms commerciaux, descriptions de produits, etc, même sans qu'ils soient mentionnés de façon particulière dans ce livre ne signifie en aucune façon que ces noms peuvent être utilisés sans restriction à l'égard de la législation pour la protection des marques et des marques déposées et pourraient donc être utilisés par quiconque.

Photo de la couverture: www.ingimage.com

Editeur: Éditions Croix du Salut est une marque déposée de
Südwestdeutscher Verlag für Hochschulschriften GmbH & Co. KG
Heinrich-Böcking-Str. 6-8, 66121 Sarrebruck, Allemagne
Téléphone +49 681 37 20 271-1, Fax +49 681 37 20 271-0
Email: info@editions-croix.com

Produit en Allemagne:
Schaltungsdienst Lange o.H.G., Berlin
Books on Demand GmbH, Norderstedt
Reha GmbH, Saarbrücken
Amazon Distribution GmbH, Leipzig
ISBN: 978-3-8416-9803-2

Imprint (only for USA, GB)
Bibliographic information published by the Deutsche Nationalbibliothek: The Deutsche Nationalbibliothek lists this publication in the Deutsche Nationalbibliografie; detailed bibliographic data are available in the Internet at http://dnb.d-nb.de.
Any brand names and product names mentioned in this book are subject to trademark, brand or patent protection and are trademarks or registered trademarks of their respective holders. The use of brand names, product names, common names, trade names, product descriptions etc. even without a particular marking in this works is in no way to be construed to mean that such names may be regarded as unrestricted in respect of trademark and brand protection legislation and could thus be used by anyone.

Cover image: www.ingimage.com

Publisher: Éditions Croix du Salut is an imprint of the publishing house
Südwestdeutscher Verlag für Hochschulschriften GmbH & Co. KG
Heinrich-Böcking-Str. 6-8, 66121 Saarbrücken, Germany
Phone +49 681 37 20 271-1, Fax +49 681 37 20 271-0
Email: info@editions-croix.com

Printed in the U.S.A.
Printed in the U.K. by (see last page)
ISBN: 978-3-8416-9803-2

Copyright © 2012 by the author and Südwestdeutscher Verlag für Hochschulschriften GmbH & Co. KG and licensors
All rights reserved. Saarbrücken 2012

Devenir Disciple bien-aimé

Préface

Le Père Pierre Le Bourgeois, l'auteur de ce livre consacré à l'évangélisation, a souhaité que la préface en soit rédigée par son Evêque ; lui-même est prêtre du diocèse de Belley-Ars depuis près de vingt ans. Comment ne pas répondre à cette invitation cordiale quand on sait, par ailleurs, l'importance de l'évangélisation ; elle demeure une préoccupation majeure dans notre Eglise. L'auteur sait en montrer l'urgence. Ses analyses, chapitre après chapitre, ne manqueront pas d'éveiller l'intérêt chez le lecteur.

Il se trouve que l'histoire de notre diocèse est en consonance avec les préoccupations de l'auteur. En effet, le diocèse de Belley-Ars fête, en cette année 2012, un anniversaire enraciné de longue date dans son histoire. Il y a 1.600 ans, le premier Évêque du diocèse - un diocèse dont les frontières ont beaucoup évolué au cours des siècles - ce premier Evêque venait s'établir à Belley. Il s'appelait Audax, un nom prédestiné pour l'évangélisation ! On était en 412.

Une telle ancienneté suffit à rappeler que notre pays est issu d'une civilisation qu'il est historiquement incontournable de qualifier de chrétienne. Mais en même temps, cette longue histoire démontre aux chrétiens d'aujourd'hui la constance de **la fidélité séculaire** de leurs aînés à **transmettre** la foi chrétienne.

C'est d'autant plus admirable que, dans la religion chrétienne, on ne "naît" pas chrétien. On le devient. Et on le devient par un choix libre ! Sans doute, une société imprégnée de l'esprit chrétien oriente facilement vers ce choix. Et même parfois elle y porte sans que cette adhésion soit toujours accompagnée de beaucoup de réflexion. Mais enfin, personne n'est contraint au baptême.

Par contre, aujourd'hui, ce climat favorable a en grande partie disparu. Comme on le dit, nous ne sommes plus "en chrétienté". Plus que jamais, pour être chrétien, il faut le vouloir, avec les risques dont ce choix s'accompagne, celui en particulier d'une certaine marginalité. Aujourd'hui une foi purement "sociologique" serait très vite atteinte, comme le vernis se décompose sous l'effet d'un solvant.

Cette situation nouvelle provoque l'Église tout entière à se rappeler qu'elle est de nature missionnaire. Aujourd'hui encore, elle reçoit les mêmes paroles que celles entendues par les Apôtres lors de leur ultime rencontre avec le Christ ressuscité : "Allez donc ! De toutes les nations faites des disciples, baptisez-les au nom du Père, et du Fils et du Saint-Esprit ; et apprenez-leur à garder tous les commandements que je vous ai donnés." (Mt 28, 19-20)

C'est sur cette toile de fond qui nous vient des origines que l'Eglise s'emploie à encourager l'effort missionnaire. Ainsi, très opportunément, le Père Le Bourgeois n'a pas manqué de signaler, en terminant son ouvrage, la décision du Pape Benoît XVI de créer un nouveau Dicastère pour "promouvoir la nouvelle évangélisation", signe que l'Eglise cherche à rejoindre les hommes d'aujourd'hui, comme elle le fit au temps des Actes des Apôtres.

L'auteur a eu aussi l'heureuse idée de prendre le point de départ de ses réflexions dans le Catéchisme de l'Eglise catholique. Le Catéchisme, on le sait, selon l'enseignement traditionnel de l'Eglise, se décompose en deux parties :

- la première comporte le Credo et les sept Sacrements. Cette première partie énonce **ce que Dieu a fait pour l'homme** ; comment Dieu s'est engagé vis à vis de l'humanité ; d'où, d'abord, l'exposé sur la Création, l'Incarnation, la Rédemption et la Vie éternelle ; puis, ensuite, le don des sept Sacrements qui, eux, sont la Vie de Dieu mise à la portée de l'homme.

- Le second volet du Catéchisme constitue **la réponse de l'homme** à ce que Dieu a fait pour lui : ce sont les dix Paroles, c'est-à-dire les dix Commandements ; puis le Notre Père qui invite l'homme à entrer dans une relation d'intimité avec Dieu, ce que nous appelons la Prière.

On observe que les deux parties sont d'une importance inégale. La première occupe les deux tiers du Catéchisme ; la seconde, seulement le dernier tiers. C'est dire que, dans l'exposition elle-même du contenu de la foi, il apparaît clairement que ce que Dieu a fait pour l'homme est beaucoup plus important que ce que l'homme fait lui-même pour Dieu. Mais dans "le peu" que l'homme donne en réponse à l'appel de Dieu, l'homme y trouve **un profond bonheur**. Sa réponse est liée à la découverte de tout ce que Dieu a fait pour lui ! Et c'est dans cette découverte qu'il puise l'élan de sa réponse.

Il faut ajouter qu'un bonheur cherche toujours à se communiquer. C'est sa manière à lui de grandir et de se développer, comme le ferait une plante dans sa pleine vitalité. Ainsi la mission n'est-elle rien d'autre que le bonheur du chrétien qui se communique devant la grandeur du Don de Dieu.

Voilà qui donne à la mission la source de son dynamisme. Parce que le chrétien trouve sa joie dans son attachement au Christ, il devient naturellement apôtre : comment taire ce qui le fait vivre ! C'est pour cette raison que les Apôtres allaient jusqu'à mettre en jeu leur existence : *"Il vaut mieux obéir à Dieu plutôt qu'aux hommes"* (Ac 5, 29).

L'auteur poursuit son enquête en prenant appui sur l'Evangile de saint Jean, l'Apôtre bien aimé du Seigneur ; puis, grâce à un bond de deux millénaires, en évoquant la grande figure de Jean-Paul II, l'Apôtre des temps modernes de la Miséricorde. Enfin, il n'hésite pas à arrêter son regard sur plusieurs expériences concrètes d'évangélisation, pour mieux rendre actuelle cette réflexion sur la mission.

Je voudrais ajouter à cet ensemble très suggestif, la belle figure d'une évangélisatrice qui a œuvré à Ivry, en plein quartier populaire, Madeleine Delbrêl, une véritable apôtre de notre époque. C'est sans doute en raison de son rayonnement que la Lettre des Evêques aux catholiques de France, parue en 1996, s'achève sur son témoignage :

> *"Ne pas tout faire, chacun à sa place, quand on est chrétien, pour que l'Evangile du Christ soit annoncé, c'est le voler, c'est voler son sang, car c'est à ce prix de sang que Jésus a saisi de force, pour la terre, jusqu'à ses extrémités, pour toujours, tous les jours, jusqu'à la fin du monde, son droit à prendre la parole. Mais ce ne serait pas seulement le trahir, Lui. Car depuis son procès, il continue à parler, à annoncer son Evangile, à travers des hommes qui vivent la même vie que Lui, à travers nous, les chrétiens."* (Ville marxiste, terre de mission, 1995, pp. 199-201)

La vie de Madeleine Delbrêl illustre ce fait de l'histoire : à chaque époque, l'Eglise connaît des renouveaux missionnaires qui lui gardent toute sa jeunesse. C'est à ce renouvellement que nous convie ce livre auquel je souhaite la meilleure diffusion.

† Père Guy Bagnard
Évêque de Belley-Ars

Devenir Disciple bien-aimé

Table des Matières

Préface 1

Avant-propos 7

Chapitre 1: Introduction au mystère de la mission 13
    Introduction : Le Prologue du Catéchisme 14
    Numéro 1: Dieu est ! 17
    Numéro 2: Le mandat missionnaire … 20
    Numéro 3 : … également pour nous aujourd'hui 26
    Conclusion : Le mystère de la mission 29

Chapitre 2 : Avec le disciple bien-aimé, pour la nouvelle évangélisation : Une lecture de l'évangile de saint Jean 31
    Ouverture : On devient chrétien ! 31
    L'évangile de Saint Jean 37
        L'aigle 37
        Datation et Auteur 40
    Éléments pour une lecture de l'évangile de saint Jean 42
        Le Prologue (Jn 1, 1-18) 48
        Devenir disciple bien-aimé (Jn 1, 19 - 12, 50) 57
        Le disciple bien-aimé (Jn 13 – 21) 78
        Être disciple bien-aimé/Être chrétien 86

Chapitre 3 : Jean-Paul II : Père de la nouvelle évangélisation parce qu'apôtre de la Miséricorde 89

    Le témoignage de l'Écriture Sainte vécu par Jean-Paul II 92

    Une question : Pour Jean-Paul II, qu'est-ce que la miséricorde ? 98

    Éléments concrets 102

        La prière 102

        Les œuvres de miséricorde 104

        Demandes de pardon : Mémoire et Repentance 106

        Œcuménisme et dialogue inter-religieux 110

    Remarque conclusive 114

Chapitre 4 : Expériences de la mise en œuvre de réalités missionnaires 117

    Évangélisation de rue en lien avec une paroisse 119

    Évangéliser par la mise en œuvre d'un mouvement dans une paroisse, ou comment le Seigneur œuvre dans les cœurs de paroissiens et de leur pasteur pour mettre en œuvre un mouvement missionnaire au sein de la Paroisse. 122

    Evangéliser en entreprise ? 125

    Evangéliser dans un collège en ZEP ? 133

Épilogue : Avec le Pape Benoît XVI 137

    Annonce de la fondation du nouveau dicastère pour la promotion de la nouvelle évangélisation 138

    Congrès des acteurs de la nouvelle évangélisation promu par le dicastère pour la promotion de la nouvelle évangélisation 141

        Discours aux participants du congrès international (15 octobre 2011) 142

        Homélie lors de la Messe pour la nouvelle évangélisation (16 octobre 2011) 145

Éléments de Bibliographie 151

Avant-propos

Si les différents chapitres composant les pages qui s'ouvrent devant nous ne semblent pas être ordonnés d'une manière organique, ils n'en sont pas moins vraiment un. En effet, ils sont comme autant de rayons qui jaillissent de cette réalité totalement essentielle à la vie de l'Église, à la vie de tout fidèle du Christ : la mission, l'annonce de l'Évangile à toute la création[1]. Alors que beaucoup en parle, alors qu'un véritable courant se lève dans l'ensemble de l'Église pour parler d'une manière explicite de la nouvelle évangélisation, il semble opportun d'apporter une pierre bien modeste dans la réflexion mais aussi dans le témoignage[2]. C'est un grand défi pastoral face auquel l'Église se trouve de nos jours et tout particulièrement dans les pays de vieille chrétienté.

Il ne s'agit pas de parler de l'évangélisation comme on peut le faire dans un bureau ou derrière un pupitre de conférence ou de prédication. Mais d'essayer d'en parler tant à partir de son mystère, que dans la lecture spirituelle de l'Écriture Sainte, ou encore en considérant les figures de la nouvelle évangélisation que

---

1 Cf Marc 16, 15.
2 Citons par exemple la promulgation par le pape Benoît XVI, le 21 septembre 2010, jour de la fête de saint Matthieu, du *Motu Proprio Ubicumque et Semper* instituant le Conseil Pontifical pour la promotion de la nouvelle évangélisation. Par la création de ce dicastère, le Pape donne vraiment à l'Église les moyens de vivre ce à quoi elle est appelée et ce pour quoi elle est l'Église du Christ, « sacrement, c'est-à-dire à la fois le signe et le moyen de l'union intime avec Dieu et de l'unité de tout le genre humain » (Concile *Vatican II*, Constitution sur l'Église, *Lumen Gentium*, n° 1).

l'Église nous donne, ainsi que le témoignage de fidèles du Christ qui œuvrent avec leurs limites et leurs grandeurs, leurs peurs et leurs générosités pour annoncer la Bonne Nouvelle de Jésus-Christ Rédempteur de l'homme.

Lorsqu'on regarde les programmes pastoraux, de plus en plus, on utilise le terme d'évangélisation. C'est heureux ! Mais bien souvent, lorsque l'on creuse un peu, il semble que ce soit d'une manière quelque peu incantatoire. Il semble donc important de prendre le temps de s'arrêter afin d'accueillir le sens de la réalité de l'annonce de l'Évangile en sachant bien que jamais nous ne pourrons tout en dire. L'évangélisation est un mystère qui nous dépasse car il s'enracine dans le dessein éternel de Dieu qui, dans une liberté souveraine, nous donne de participer à sa volonté. En même temps, l'évangélisation est un paradoxe car si on prend au sérieux cet appel pressant du Seigneur on ne peut que voir l'immensité de la tâche tout en prenant conscience de la faiblesse et de la limite de nos moyens. Faut-il pour autant baisser les bras ?

Par ce qu'il est, par ce qu'il nous dit, par ce qu'il fait tout au long de sa vie, Jésus lui-même vient répondre à cette question. Cette réponse prend une dimension plénière, une dimension d'accomplissement lorsque *« était venue son heure de passer de ce monde vers le Père »*[3]. Nous sommes au Cénacle. Les Apôtres sont réunis autour de leur Maître dans un climat d'adieu. Il s'agit du départ imminent de Jésus vers le Père. Il y a une grande émotion. Jésus lui-même est touché alors qu'il livre aux Apôtres sa dernière volonté que l'on trouve exprimée d'une manière dense, pour ne pas dire infinie, dans le grand commandement de l'Amour qui sera un témoignage vivant pour le monde : *« Je vous donne un commandement nouveau : que vous vous aimiez les uns les autres ; comme je vous ai aimés, que vous aussi vous vous aimiez les uns les autres. En cela tous connaîtront que vous êtes mes disciples : si vous avez de l'amour les uns*

---

[3] Jean 13, 1.

pour les autres »[4]. Dans un long monologue, juste entrecoupé de courtes interventions de l'un ou l'autre Apôtre, Jésus confie son message qu'ils devront porter au monde afin que tous soient un[5]. C'est au terme de ce discours d'adieu, que Jésus dit avec force et douceur à ses disciples : *« Je vous ai dit cela pour qu'en moi vous ayez la paix. Dans le monde vous avez de l'affliction, mais courage ! Moi, j'ai vaincu le monde »*[6]. En d'autres termes, Jésus sait que, comme lui, les Apôtres rencontreront des difficultés dans leur mission, c'est pourquoi il les invite à la foi ! *« Que votre cœur ne se trouble pas. Vous croyez en Dieu ; croyez aussi en moi »* avait-il dit dès le début de son intervention au Cénacle le soir de la Cène[7].

Alors que l'Église était appelée à se préparer à entrer dans le troisième millénaire, comme une réponse à cet acte de foi, quoique dans un climat tout autre puisque nous sommes au cours de la messe solennelle d'intronisation du Pape Jean-Paul II, le 22 octobre 1978 sur la place Saint Pierre, le Saint Père s'est écrié :

> « Frères et sœurs, n'ayez pas peur d'accueillir le Christ et d'accepter son pouvoir ! Aidez le Pape et tous ceux qui veulent servir le Christ et, avec la puissance du Christ servir l'homme et l'humanité entière ! N'ayez pas peur ! Ouvrez, ouvrez toutes grandes les portes au Christ ! À sa puissance salvatrice ouvrez les frontières des États, les systèmes économiques et politiques, les immenses domaines de la culture, de la civilisation, du développement. N'ayez pas peur ! Le Christ sait "ce qu'il y a dans l'homme" ! Et lui seul le sait ! »

---

4 Jean 13, 34-35.
5 *« Et moi, la gloire que tu m'as donnée, je la leur ai donnée, pour qu'ils soient un comme nous sommes un ; moi en eux et toi en moi, pour qu'ils se trouvent accomplis dans l'unité, pour que le monde connaisse que c'est toi qui m'a envoyé et que tu les as aimés comme tu m'as aimé »* (Jean 17, 22-23).
6 Jean 16, 33.
7 Cf. Jean 14, 1.

C'est un véritable appel à la conversion qu'a pu ainsi lancer le Successeur de Pierre. Appel qui est relié inlassablement au travers de l'ensemble de l'histoire de l'Église. La foi au Christ Rédempteur entretient dans le cœur de l'homme la flamme de l'Espérance qui, avec l'aide de la grâce de Dieu, humanisera le monde que Jésus, envoyé par le Père, est venu sauver[8].

Face à l'immensité de la tâche missionnaire, il ne s'agit pas de désespérer mais d'entrer dans une démarche de conversion qui donne au fidèle du Christ d'accueillir d'une manière toujours plus profonde et plus vraie le Rédempteur de l'homme qui est vainqueur puisqu'il est ressuscité[9].

Cette démarche passe par une conversion de l'intelligence. Il est important et vraiment nécessaire d'approfondir le sens vrai de ce qu'est le concept de la nouvelle évangélisation. Saint Pierre le dit clairement : « *Traitez saintement dans vos cœurs le Seigneur, le Christ, toujours prêts à vous défendre devant quiconque vous demande raison de l'espérance qui est en vous* »[10]. Dans le premier chapitre, nous ouvrirons une porte grâce à une brève introduction au mystère de la mission.

La volonté est également appelée à la conversion. En effet, la démarche missionnaire appelle un engagement personnel non seulement pour soi-même mais également pour celui à qui on désire annoncer l'Évangile du Christ. Cette réalité est à comprendre comme un véritable cheminement qui fait de nous les disciples bien-aimés du Seigneur. Dans le deuxième chapitre, nous regarderons l'évangile de saint Jean comme étant en quelque sorte l'archétype de cet itinéraire chrétien qui nous donne d'approcher du Seigneur afin de devenir missionnaire.

Il s'agit aussi d'une conversion du cœur. En effet, l'annonce de l'Évangile ne peut se faire qu'en traversant le cœur de l'homme afin de le transfigurer.

---

[8] Cf Jean 3, 17.
[9] « *Car il faut qu'il règne jusqu'à ce qu'il ait mis tous les ennemis sous ses pieds. Un dernier ennemi est aboli : la mort ; car il a tout soumis sous ses pieds* » (1 Corinthiens 15, 25-27).
[10] 1Pierre 3, 15.

Devenir Disciple bien-aimé

L'histoire de l'Église est constellée de nombreux témoins qui nous ont montré combien leur propre conversion a pu non seulement être le fruit d'une authentique démarche missionnaire, mais également encourager la mission. Le 1er mai 2011, l'Église nous a donné un merveilleux exemple de cette vérité par la béatification du Pape Jean-Paul II. Le troisième chapitre sera consacré à considérer Jean-Paul II comme étant le père de la nouvelle évangélisation par ce qu'il a été apôtre de la miséricorde divine[11].

Enfin cette démarche missionnaire est proche de nous. Elle n'est pas réservée à des spécialistes férus de « marketing pastoral ». Tout fidèle du Christ est appelé là où il est, avec son charisme propre à être lui-même missionnaire. Le quatrième chapitre nous donnera de lire des témoignages missionnaires vécus dans différents domaines de la vie de l'Église au cœur de la vie du monde. Certes ces témoignages ne sont pas les seuls qui pourraient être transmis, mais ils sont là pour nous stimuler en nous disant que finalement évangéliser dans le monde d'aujourd'hui c'est possible moyennant une nouvelle ardeur et de nouvelles méthodes afin d'être audibles et crédibles dans le monde d'aujourd'hui !

Si les pages qui suivent peuvent sembler fragmentaires, elles veulent simplement aider le lecteur de bonne volonté à répondre à l'appel que le Seigneur ressuscité lui lance d'une voix douce et puissante :

« Tout pouvoir m'a été donné dans le ciel et sur la terre. Allez ! De toutes les nations faites des disciples, les baptisant au nom du Père, et du Fils et du Saint Esprit, leur enseignant à garder tout ce que je vous ai commandé.

---

[11] La trame de ces trois premiers chapitres vient de conférences que j'ai données dans le cadre de l'exercice de mon ministère. J'ai légèrement modifié et augmenté le texte de chacune d'elle.

Et voici que moi, je suis avec vous tous les jours jusqu'à la fin du monde »[12].

---
[12] Matthieu 28, 18-20.

Chapitre 1
Introduction au mystère de la mission

« Ce n'est pas vous qui m'avez choisi, mais c'est moi qui vous ai choisis et vous ai établis pour que vous alliez vous, et portiez du fruit et que votre fruit demeure »[13]. Celui qui contemple le mystère de la mission doit garder présent à l'esprit ce verset de l'évangile de saint Jean. En effet, dans la démarche missionnaire c'est le Père qui nous choisit. Jésus vient, il pose son regard sur nous, et, sans aucun mérite de notre part, il nous choisit – *« Ce n'est pas vous qui m'avez choisi, mais c'est moi qui vous ai choisis et vous ai établis »* – dans un but très précis : *« pour que vous alliez vous, et portiez du fruit et que votre fruit demeure »*.

Dans l'article 3 du *Motu Proprio Ubicumque et Semper*, instituant le Conseil Pontifical pour la promotion de la nouvelle évangélisation, le pape Benoît XVI annonce des devoirs spécifiques de ce nouveau dicastère. Parmi ceux-ci, il est spécifié au numéro 5 : « la promotion de l'utilisation du Catéchisme de l'Eglise catholique, comme formulation essentielle et complète du contenu de la foi pour les hommes de notre temps ». C'est pourquoi, répondant à l'appel du Pape, il nous est bon de nous appuyer sur le *Prologue* et les trois premiers numéros du *Catéchisme de l'Église Catholique*.

---

[13] Jean 15, 16.

Ce dernier, véritable cadeau du Seigneur à l'Église, a été décidé lors du synode de 1985 célébrant le 20ème anniversaire de la clôture du Concile Vatican II. Dans la constitution promulguant le *Catéchisme*, le Pape Jean-Paul II rappelle que le synode avait demandé «que soit rédigé un catéchisme ou compendium de toute la doctrine catholique tant sur la foi que sur la morale, qui serait comme un texte de référence pour les catéchismes ou compendiums qui sont composés dans les divers pays. La présentation de la doctrine de la foi doit être biblique et liturgique, exposant une doctrine sûre et en même temps adaptée à la vie actuelle des chrétiens »[14].

Introduction : Le Prologue du Catéchisme

L'ouverture du *Catéchisme de l'Église Catholique* se fait par trois citations de l'Écriture Sainte. Ces citations sont tout à fait essentielles pour comprendre la démarche de l'Église au cœur de l'enseignement de la foi, et donc au cœur de la mission.

Tout d'abord, saint Jean : *« Père, (...) la vie éternelle, c'est qu'ils Te connaissent, Toi, le seul véritable Dieu, et Ton envoyé, Jésus-Christ »* (Jn 17, 3). Cette citation de la prière de Jésus à Gethsémani donne un sens à la réalité de l'annonce de la Bonne Nouvelle. En effet, le *Catéchisme* s'ouvre par le

---

[14] Jean-Paul II, Constitution *Fidei Depositum*, 11 octobre 1992. Rappelons que la rédaction du *Catéchisme de l'Église Catholique* s'est fait en concertation avec l'ensemble de l'épiscopat du monde entier.

témoignage de l'importance de révéler que l'éternité est le but de la vie de tout homme. Mais alors une question surgit : « Que devons-nous faire pour atteindre cette finalité ? » Le moyen qui est donné est celui de connaître *« Toi, le seul véritable Dieu »*, et *« l'envoyé, Jésus-Christ »*.

Le deuxième verset cité est tiré d'une épître de saint Paul : *« Dieu notre Sauveur (...) veut que tous les hommes soient sauvés et parviennent à la connaissance de la vérité »* (1 Tm 2, 3-4). Dieu est sauveur et sa volonté profonde est que tout homme soit sauvé. Ce premier élément fondamental nous révèle que Dieu vient nous reprendre pour nous conduire jusqu'à lui. Il en résulte une plus grande compréhension de cette demande mystérieuse que nous trouvons au cœur du Notre Père : « Que Ta volonté soit faite ». En effet, la volonté du Père c'est le salut de l'homme, de tout homme, de tout l'homme. De ce fait, lorsqu'on prie la prière que le Seigneur nous a enseignée, on entre dans cette réalité fondamentale de la mission : donner à connaître la Vérité du Salut pour tous les hommes.

Mais alors, comment l'homme va-t-il pouvoir accueillir ce salut qui lui est proposé ? En entrant dans la connaissance de la Vérité nous dit saint Paul. Or la Vérité est une personne : Jésus-Christ[15]. Connaître la Vérité, c'est connaître la personne même du Fils bien-aimé du Père. Nous trouvons un nouvel élément missionnaire car toute recherche honnête de la vérité, dans n'importe quel domaine qu'il soit, conduit mystérieusement à la personne de Jésus qui est LA VÉRITÉ INCARNÉE. Certes, à un moment donné, l'homme doit nécessairement faire un pas et reconnaître Jésus comme étant Dieu Sauveur fait homme. Dans une démarche missionnaire, lorsqu'on est face à quelqu'un, on peut entrer dans la

---

15Cf Jean 14, 6.

démarche rationnelle qui est la sienne pour lui montrer peu à peu que cette recherche de la vérité est une recherche consciente ou inconsciente du Christ[16].

Et pourquoi connaitre la Vérité ? Pourquoi connaître le Christ ? « *Il n'y a sous le ciel d'autre nom donné aux hommes, par lequel il nous faille être sauvés* » (Ac 4, 12) que le nom de JÉSUS. On retrouvera la même idée dans les épîtres de Saint-Paul, particulièrement dans cette grande hymne christologique de la lettre aux Philippiens : « *C'est pourquoi Dieu l'a souverainement exalté et l'a gratifié du Nom qui est au-dessus de tout nom, afin qu'au nom de Jésus tout genou plie, dans les cieux, sur la terre et sous la terre, et que toute langue proclame que Jésus Christ est Seigneur, à la gloire de Dieu le Père* »[17]. Le Nom de Jésus, Dieu Sauveur, apporte le salut au monde. Nous devons l'annoncer afin que tout homme rencontre la personne du Christ et accueille le salut. « À l'origine du fait d'être chrétien, il n'y a pas une décision éthique ou une grande idée, mais la rencontre avec un événement, avec une Personne, qui donne à la vie un nouvel horizon et par là son orientation décisive. Dans son Évangile, Jean avait exprimé cet événement par ces mots : "Dieu a tant aimé le monde qu'il a donné son Fils unique : ainsi tout homme qui croit en lui [...] obtiendra la vie éternelle" (3, 16) » écrira Benoît XVI[18].

Ces trois citations scripturaires sont une ouverture à ce qu'il y a dans le *Catéchisme de l'Église Catholique* et donc à l'ensemble de ce que nous portons nous-mêmes par la grâce de notre baptême : notre FOI. Et ensuite le *Catéchisme* nous introduit à la réalité missionnaire par trois numéros, qu'il faut tenir ensemble afin que l'enseignement sur la mission soit vraiment équilibré. La mission n'a rien de bancale car c'est la mission du Seigneur et non la nôtre.

---

16 Remarquons que la devise de Benoît XVI est : « Coopérateur de la vérité ». Tout son travail de théologien, ou celui de Successeur de Pierre, nous aide, nous introduit dans cette réalité de la vérité, qu'est la Personne même de Jésus.
17 Philippiens 2, 9-11
18 Benoît XVI, *Deus Caritas Est*, 25 décembre 2005, n° 1.

Devenir Disciple bien-aimé

Numéro 1 : Dieu est !

Il est une expérience que nous pouvons tous faire : la vitesse phénoménale avec laquelle circule l'information. Tout doit aller vite à tel point qu'on n'en arrive même plus à poser un raisonnement en le construisant d'une manière cohérente. On en arrive même à des dénis historiques pour des raisons idéologiques. Le danger devient d'en rester à la superficialité et à l'affectif. Il en résulte alors à ce que l'homme subisse sa vie plutôt que de la vivre d'une manière consciente.

Dès le premier numéro, le *Catéchisme de l'Église* Catholique nous invite à prendre de la hauteur en contemplant le mystère de Dieu, le mystère de son dessein éternel. Le *Catéchisme* ne part pas en faisant une démonstration de l'existence de Dieu mais en affirmant cette existence qui remplit la vie de l'homme. L'approche catéchétique est de dire la solitude de l'homme s'il n'accueille pas le mystère de Dieu.

> « *1. Dieu, infiniment Parfait et Bienheureux en Lui-même, dans un dessein de pure bonté, a librement créé l'homme pour le faire participer à sa vie bienheureuse. C'est pourquoi, de tout temps et en tout lieu, Il se fait proche de l'homme. Il l'appelle, l'aide à Le chercher, à Le connaître et à L'aimer de toutes ses forces. Il convoque tous les hommes que le péché a dispersés dans l'unité de sa famille, l'Église. Pour ce faire, Il a envoyé son Fils comme Rédempteur et Sauveur lorsque les temps furent accomplis. En Lui et par Lui, Il appelle les hommes à devenir, dans l'Esprit Saint, ses enfants d'adoption, et donc les héritiers de sa vie bienheureuse.* »

Dans notre monde qui tourne à une rapidité effrayante, dans des vies où on court souvent un peu dans tous les sens, l'homme peut en arriver à perdre totalement ses repères. Alors, il s'interroge : « Où puis-je trouver un point de repère ? » Ce premier numéro apporte la réponse essentielle : Dieu est ! Dieu existe « infiniment parfait et bienheureux en lui-même » ! La première des choses qui nous est donnée dans la démarche missionnaire c'est la contemplation et l'émerveillement devant cette réalité extraordinaire que Dieu est, non seulement d'une manière infiniment parfaite mais également en étant bienheureux en lui-même ! Il y a une plénitude, une totalité, qui est depuis toute éternité en Dieu et qui est Dieu. Il en résulte que tout ce qui se passe ensuite est pleinement gratuit. Cette première contemplation conduit à pouvoir faire une expérience esthétique qui ouvre le cœur et permet ainsi d'accueillir la révélation du mystère d'Amour de Dieu.

Dans une liberté souveraine, dans un dessein de pure bonté, Dieu a librement créé l'homme dans un but très précis : « le faire participer à sa vie bienheureuse ». Si on regarde cette affirmation en considérant le mystère de la mission, l'annonce de l'Évangile nous presse pour donner à tout homme de participer et d'accomplir sa propre vocation. Oser proposer Dieu à l'homme c'est respecter l'homme dans tout ce qu'il est et dans ce à quoi il est appelé : tout homme a pour vocation de contempler Dieu et de participer à sa vie bienheureuse. Tout homme, quel qu'il soit et quoi qu'il ait fait, est appelé par Dieu. En d'autres termes, un élément de l'évangélisation est d'humaniser le monde en construisant une société à la hauteur de l'homme dans toutes ses dimensions. « *La doctrine sociale fait partie intégrante du ministère d'évangélisation de l'Église.* Tout ce qui concerne la communauté des hommes — situations et problèmes relatifs à la justice, à la libération, au développement, aux relations entre les peuples, à la paix — n'est pas étranger à l'évangélisation, et celle-ci ne serait pas complète si elle ne tenait pas compte de l'appel réciproque que se lancent continuellement l'Évangile et la vie concrète, personnelle et sociale, de l'homme »[19].

Si le *Catéchisme* commence par appeler à la contemplation du mystère de Dieu, il ne s'arrête pas là. En effet, il invite le lecteur à entrer dans cette réalité du dialogue que Dieu désire avoir avec l'homme. Dieu se fait proche de l'homme. La simple contemplation, risque de faire de Dieu un concept lointain pouvant se résumer par la formule lapidaire et réductrice, quoique vraie : « Dieu est grand ! » En fait, le fidèle est appelé à accueillir le paradoxe de l'Amour de Dieu qui est infini et qui se fait proche de l'homme. Et comme le dit le *Catéchisme* : « Il l'appelle, l'aide à Le chercher, à Le connaître et à L'aimer de toutes ses forces. Il convoque tous les hommes que le péché a dispersés dans l'unité de sa famille, l'Église. Pour ce faire, Il a envoyé son Fils comme Rédempteur et Sauveur lorsque les temps furent accomplis. En Lui et par Lui, Il appelle les hommes à devenir, dans l'Esprit Saint, ses enfants d'adoption, et donc les héritiers de sa vie bienheureuse ». Nous sommes face au mystère de la Rédemption. Dieu créateur entre en dialogue avec l'homme pour aller le chercher, pour l'amener à lui. Le paradoxe de l'Amour fait que Dieu ne s'impose pas. Il veut que l'homme réponde d'une manière libre et responsable en accueillant le salut apporté par le Fils, Rédempteur de l'homme, et l'Esprit Saint qui fait naître les hommes à la vie même de Dieu. En d'autres termes, ce que Jésus est par nature, la personne humaine est appelée à le devenir par grâce. Aussi tout homme a pour vocation d'être enfant bien-aimé du Père et donc héritier de la vie bienheureuse.

> « *Père, ce que tu m'as donné, je veux que là où je suis, moi, ceux-là aussi soient avec moi, pour qu'ils voient la gloire, la mienne, que tu m'as m'a donnée, parce que tu m'as aimé avant la fondation du monde* »[20].

---

[19] *Compendium de la doctrine sociale de l'Église*, Conseil Pontifical « Justice et Paix », 2005, n° 66. Il serait bon de reprendre ici les numéros 66 à 68 qui se trouvent sous le titre : *Doctrine sociale, évangélisation et promotion humaine*.

Résumons-nous. Dieu est, et d'une manière souveraine il crée l'homme pour lui donner de pouvoir participer à sa vie bienheureuse. Hélas, l'homme est pécheur. Dieu continue d'accomplir son dessein en envoyant son Fils et l'Esprit Saint pour faire de tout homme son enfant bien-aimé et ainsi rassembler l'humanité au cœur de l'Église qui est « dans le Christ, en quelque sorte le sacrement, c'est-à-dire à la fois le signe et le moyen de l'union intime avec Dieu et de l'unité de tout le genre humain »[21]. On peut donc affirmer que la démarche missionnaire fait entrer dans le dessein éternel de Dieu.

> *« Si j'évangélise, il n'y a pas de quoi me vanter ; c'est une nécessité qui m'incombe. Oui, malheur à moi, si je n'évangélise pas ! »* a pu écrire saint Paul[22].

Numéro 2: Le mandat missionnaire ...

D'une manière saisissante, le *Catéchisme* a introduit le lecteur au sein de la Trinité Sainte en l'invitant à considérer le mystère du dessein de Dieu. C'est à une merveilleuse contemplation de la volonté du Père que l'on est ainsi convié. Mais ce n'est pas pour que le lecteur en reste là. En effet, comme l'écrit saint Jean dès les premiers versets de sa première épître :

---

[20] Jean 17, 24.
[21] Concile *Vatican II*, Constitution sur l'Église, *Lumen Gentium*, n° 1.
[22] Corinthiens 9, 16.

Devenir Disciple bien-aimé

« Ce qui était dès le commencement, ce que nous avons entendu, ce que nous avons vu de nos yeux, ce que nous avons contemplé et que nos mains ont palpé du Verbe de vie – et la vie s'est manifestée, et nous avons vu, et nous témoignons, et nous vous annonçons la vie, la [vie] éternelle, qui était auprès du Père et qui s'est manifestée à nous – ce que nous avons vu et entendu, nous vous l'annonçons à vous aussi, pour que vous soyez en communion avec nous ; et notre communion à nous est avec le Père et avec son Fils Jésus Christ »[23].

Une authentique contemplation du mystère de Dieu en lui-même conduit à la communion et ouvre à la mission dont la finalité est de pouvoir faire participer l'humanité entière à la joie de la communion avec l'Église et par elle avec Dieu, Trinité Sainte.

Aussi, après avoir contemplé le dessein de Dieu dans l'œuvre de la Création et de la Rédemption, le *Catéchisme* nous introduit d'une manière logique dans la réalité de l'annonce de l'Évangile confiée à l'Église universelle et qui s'enracine dans le mandat missionnaire que le Seigneur ressuscité donne à ses Apôtres.

« 2. Pour que cet appel retentisse par toute la terre, le Christ a envoyé les apôtres qu'Il avait choisis en leur donnant mandat d'annoncer l'Évangile : " Allez, de toutes les nations faites des disciples, les baptisant au nom du Père et du Fils et du Saint-Esprit, et leur apprenant à observer tout ce que je vous ai prescrit. Et moi, je suis avec vous pour toujours, jusqu'à la fin du monde " (Mt 28, 19-20). Forts de cette mission, les apôtres " s'en allèrent prêcher en tout lieu, le Seigneur agissant avec eux

---

[23] Jean 1, 1-3. On peut lire à profit le très beau commentaire que fait le père Henri de Lubac de ces versets cités dans le numéro 1 de la Constitution *Dei Verbum* du Concile *Vatican II*. Henri de Lubac, *La Révélation Divine*, Cerf-Traditions Chrétiennes n° 16, 1983, p. 25 à 31.

et confirmant la Parole par les signes qui l'accompagnaient " (Mc 16, 20). »

Tout d'abord, remarquons la liberté souveraine avec laquelle le Seigneur Jésus agit. C'est lui qui fait le choix de ses Apôtres. Les différents récits de vocation des disciples de Jésus sont tout à fait manifestent sur ce point. Citons par exemple ce que nous dit saint Matthieu pour l'appel des quatre premiers disciples :

« En marchant le long de la mer de Galilée, il vit deux frères, Simon, appelé Pierre, et André son frère, qui jetaient l'épervier dans la mer ; car c'étaient des pêcheurs. Et il leur dit : "Venez à ma suite, et je vous ferai pêcheurs d'hommes." Eux, aussitôt laissant les filets, le suivirent. Et à quelques pas de là, il vit deux autres frères, Jacques, le [fils] de Zébédée, et Jean son frère, dans le bateau avec Zébédée leur père, en train d'arranger leurs filets, et il les appela. Eux, aussitôt laissant le bateau et leur père, le suivirent »[24].

Dans ce récit de vocation, nous voyons tout de suite la raison de cet appel : *« Je vous ferai pêcheurs d'hommes »*. Pour le *Catéchisme*, il en va de même, l'appel conduit à l'envoi en mission : « Pour que cet appel retentisse par toute la terre, le Christ a envoyé les apôtres qu'Il avait choisis ».

Arrêtons-nous quelques instants à ce groupe des Apôtres. Au début de son pontificat, le Pape Benoît XVI a consacré une série de catéchèses du mercredi « au mystère de la relation entre le Christ et l'Église, en la considérant à partir de l'expérience des Apôtres, à la lumière de la tâche qui leur a été confiée »[25]. Cela lui a donné de définir le collège des Douze en disant : « L'Apôtre est un envoyé, mais, encore avant cela, un "expert " de Jésus »[26]. En effet, les Apôtres ont passé

---

[24] Matthieu 4, 18-22.
[25] Benoît XVI, *Catéchèse au cours de l'audience du mercredi 15 mars 2006*.
[26] Benoît XVI, *Catéchèse au cours de l'audience du mercredi 22 mars 2006*.

Devenir Disciple bien-aimé

trois années dans l'intimité du Seigneur qui va les former et les préparer à la mission qui sera la leur.

> « "Il gravit la montagne et il appelle à lui ceux qu'il voulait. Ils vinrent à lui, et il en institua Douze pour être ses compagnons et pour les envoyer prêcher, avec le pouvoir de chasser les démons" (Mc 3, 13-15). "Pour être ses compagnons" : dans ces mots, il n'est pas difficile de lire "l'accompagnement des vocations" des Apôtres, de la part de Jésus. Après les avoir appelés et avant de les envoyer, et même pour pouvoir les envoyer prêcher, Jésus leur impose un temps de formation destiné à développer un rapport de communion et d'amitié profonde avec lui. Il leur réserve une catéchèse approfondie (cf. Mt 13, 11), et il veut en faire des témoins de sa prière silencieuse à son Père (cf. Jn 17, 1-26; Lc 22, 39) »[27].

Et pourtant, ils ne sont pas exempts de faiblesses : l'un d'entre eux va trahir, un autre va renier, un autre encore aura des difficultés à croire. Au moment de la Passion, il n'y aura plus personne sauf quelques femmes admirables, dont Marie, et le disciple que Jésus aimait. Mais, les Apôtres se sont retrouvés entre eux, ils ont pris le temps de prier avec Marie, et ils ont reçu l'Esprit Saint[28]. Marie a en quelque sorte fédéré les Apôtres. Dans la démarche missionnaire, la dévotion mariale est importante non seulement parce que Marie, nous accompagnant de sa prière et dans la prière, nous aide à faire l'expérience de la présence agissante de Dieu dans nos vies, mais également parce que Marie nous apprend à donner Jésus au monde.

> « Ainsi, les Douze, choisis pour participer à la mission même de Jésus, coopèrent avec le Pasteur des derniers temps, allant tout d'abord eux aussi chez les brebis perdues de la maison d'Israël, c'est-à-dire s'adressant au

---

[27] Jean-Paul II, Exhortation apostolique post-synodale *Pastores dabo vobis*, 25 mars 1992, n° 42.
[28] Cf Actes des Apôtres 1, 12 – 2, 13.

peuple de la promesse, dont le rassemblement est signe de salut pour tous les peuples. Loin de contredire l'ouverture universaliste de l'action messianique du Nazaréen, la restriction initiale à Israël de sa mission et de celle des Douze en devient ainsi le signe prophétique le plus efficace. Après la Passion et la résurrection du Christ, ce signe sera clarifié : le caractère universel de la mission des Apôtres deviendra explicite. Le Christ enverra les Apôtres "dans le monde entier" (Mc 16, 15), à "toutes les nations" (Mt 28, 19 ; Lc 24, 47), "jusqu'aux extrémités de la terre" (Ac 1, 8) »[29].

En effet, au terme de l'évangile de saint Matthieu, nous voyons Jésus dire aux Apôtres qu'il a choisis dans une liberté souveraine :

« Allez ! De toutes les nations faites des disciples, les baptisant au nom du Père, et du Fils et du Saint-Esprit, leur enseignant à garder tout ce que je vous ai commandé. Et voici que moi, je suis avec vous tous les jours jusqu'à la fin du monde »[30].

C'est juste après le mandat missionnaire que Jésus promet aux Apôtres d'être toujours avec eux jusqu'à la fin du monde et donc d'être toujours présent au cœur de l'Église afin que par elle le Christ soit rendu proche de tout homme. En d'autres termes, c'est en entrant dans la mission que l'on fait l'expérience de la présence de Jésus à nos côtés.

Couramment, alors que le désir missionnaire nous brûle, la peur nous arrête. Et, dans la démarche missionnaire qui est la nôtre, on risque de se dire : « Mon Dieu je ne vais pas y arriver ! Ce n'est pas pour moi car j'ai trop peur ! ». A cela, Jean Paul II nous a répondu : « N'ayez pas peur ! Ouvrez, ouvrez toutes grandes

---

[29] Benoît XVI, *op. cit.*
[30] Matthieu 28, 19-20.

les portes au Christ ! »[31] Il serait possible de continuer ces mots du Pape en disant : « Et si vous faites cela vous deviendrez missionnaire parce que vous saurez et vous verrez que Jésus est avec vous ». Dit autrement : ouvrez-vous toujours plus à Jésus et vous deviendrez missionnaires ! C'est cela être chrétien !

Le disciple de Jésus vit une démarche qui sera dynamique. D'ailleurs, le *Catéchisme* dit : « Forts de cette mission, les apôtres s'en allèrent. » La mission nous fait entrer dans une démarche d'obéissance à la volonté du Christ, dont la nourriture est de faire la volonté du Père. La mission c'est, en quelque sorte entrer dans cette prolongation de l'action accomplie par le Seigneur Jésus lui-même en menant avec Lui et par Lui à bonne fin l'œuvre du Père[32]. Il en résulte que nous ne nous donnons une mission pas à nous-même, mais nous la recevons du Christ par l'Église. Et nous la recevons non point comme des serviteurs ou des esclaves, car Jésus nous l'a dit :

> *« Je ne vous appelle plus esclaves, parce que l'esclave ne sait pas ce que fait son seigneur, mais je vous ai appelés amis parce que tout ce que j'ai entendu de mon Père, je vous l'ai fait connaître »*[33].

L'Église existe pour la mission, pour l'évangélisation. Mais l'Église ne pourra être missionnaire que si ses membres sont eux-mêmes missionnaires. En même temps, ce qui est extraordinaire c'est que l'Église précède toujours les acteurs de l'évangélisation puisqu'elle est dans son être même missionnaire. C'est pourquoi, dans la mission, il est important de s'appuyer sur cette réalité de l'Église. L'Église nous précède toujours, mais elle est missionnaire par chacun de ses

---

[31] Jean-Paul II, *Homélie lors de la Messe solennelle de son intronisation* le 22 octobre 1978.
[32] Cf Jean 4, 34.
[33] Jean 15, 15.

membres. On pourrait reprendre les mots de saint Paul en disant : « *C'est là un grand mystère ; je l'entends du Christ et de l'Église* »[34]

La démarche missionnaire est, de la part du fidèle du Christ, un acte :

1. **conscient** car il doit savoir à quelle mission il est appelé suivant le charisme qui est le sien
2. **libre** car il doit s'engager d'une manière volontaire après un discernement raisonnable
3. **responsable** car le missionnaire est le signe explicite de la présence du Christ et de l'Église auprès de celui à qui il annonce la Bonne Nouvelle.

Numéro 3 : ... également pour nous aujourd'hui

Si, dans notre réflexion sur le mystère de la mission, nous nous arrêtons au numéro deux du *Catéchisme*, on peut alors se dire qu'il n'y a que les Apôtres qui sont appelés à être missionnaires. Et, pour prolonger, on pourrait également affirmer que les successeurs des Apôtres, c'est-à-dire les évêques, sont seuls à être appelés à l'annonce de l'Évangile dans le monde d'aujourd'hui. Or, si les évêques sont bien les premiers évangélisateurs[35], ils ne sont pas les seuls à l'être. Il nous faut le redire : c'est toute l'Église qui, dans son être même, est missionnaire et elle

---

34 Éphésiens 5, 32.
35 Cf Jean-Paul II, *Exhortation post-synodale Pastores gregis sur l'évêque serviteur de l'Évangile de Jésus-Christ pour l'Espérance du monde*, 16 octobre 2003, n° 26.

ne le sera que grâce et par tous ses membres. Associer ensemble cette double réalité ecclésiologique de la mission permet de mieux comprendre que lorsque le fidèle est missionnaire dans ses lieux de vie, dans sa famille, dans le cadre d'un mouvement, sur son lieu de travail, il s'appuie sur la grâce missionnaire de l'évêque.

C'est pourquoi, le troisième numéro du *Catéchisme* est indissociable du précédent. En effet, il donne tout un équilibre à la vie et à la mission de l'Église.

> « *3 Ceux qui à l'aide de Dieu ont accueilli l'appel du Christ et y ont librement répondu, ont été à leur tour pressés par l'amour du Christ d'annoncer partout dans le monde la Bonne Nouvelle. Ce trésor reçu des apôtres a été gardé fidèlement par leurs successeurs. Tous les fidèles du Christ sont appelés à le transmettre de génération en génération, en annonçant la foi, en la vivant dans le partage fraternel et en la célébrant dans la liturgie et la prière (cf. Ac 2, 42).* »

Le début de ce troisième numéro met sous nos yeux l'œuvre de la grâce qui agit dans le cœur des fidèles du Christ. L'œuvre de la grâce rend les cœurs disponibles afin d'accueillir et de vivre le mystère de la mission, et la disponibilité au mystère de la mission ouvre les cœurs à l'œuvre de la grâce de Dieu qui appelle. Tout baptisé reçoit l'appel du Christ. Il le reçoit d'une manière profondément réelle quoique mystérieuse. Aussi, comme le rappelle le *Catéchisme*, **tous** les fidèles du Christ sont appelés à transmettre ce trésor, gardé fidèlement par les successeurs des Apôtres, c'est-à-dire les évêques (d'où l'importance de rester fidèle à la grâce épiscopale), à tout homme.

Comment mettre en œuvre ce mandat de Jésus. Le *Catéchisme* nous donne trois éléments :

1. **En annonçant la Foi** : C'est tout ce qui concerne la profession de Foi et la mission par le témoignage catéchétique de la foi.

2. **En vivant de la Foi dans le partage fraternel** : C'est tout ce qui concerne la vie dans l'Esprit, c'est-à-dire la morale ou l'éthique. On se trouve dans une mission liée au témoignage d'une vie vraiment chrétienne.

3. **En célébrant la Foi dans la liturgie et la prière** : C'est ce qui concerne la liturgie et la prière. C'est la démarche missionnaire qui va puiser à sa source et la présence de la réalité de la communion des saints dans l'évangélisation.

Ces trois éléments annoncent les quatre grandes parties de l'ensemble du *Catéchisme de l'Église Catholique* : 1. La contemplation du *Credo* – 2. La célébration de la Foi : liturgie et sacrements – 3. L'éthique car lorsque je professe ma foi et que je la célèbre, j'entre dans un agir particulier – 4. La prière et le commentaire magnifique du notre Père : pour pouvoir vivre vraiment en disciple du Christ, j'ai besoin de la prière. C'est l'accueil et la méditation de l'ensemble du contenu de la foi qui donnera aux chrétiens d'être vraiment missionnaire.

Conclusion : *Le mystère de la mission*

Tout d'abord, la mission prend ses racines dans celle du Fils bien-aimé envoyé par le Père pour sauver le monde. Par volonté du Seigneur, elle devient celle de l'Église qu'Il envoie. Plus précisément, par mandat du Christ, la mission est celle de tous les fidèles en communion avec les Pasteurs, particulièrement l'évêque qui est gardien de la foi reçue des Apôtres. Ainsi que l'écrit Jean-Paul II :

> « Dans la ligne tracée par la tradition de l'Église, le Concile Vatican II explique que la mission d'enseignement propre aux Évêques consiste à garder saintement la foi et à l'annoncer courageusement »[36].

La mission est également l'œuvre de la grâce de Dieu qui agit en nos cœurs et qui agit dans le cœur de tout homme. Œuvre de la grâce, car tout vient de Dieu qui est et qui demeure quoiqu'il arrive. Œuvre de la grâce car rien ne se fait sans l'homme. Dieu appelle l'homme à devenir ses enfants d'adoption dans l'Esprit Saint. Dieu nous appelle chacun personnellement et tous ensemble. Dans cette œuvre de la grâce nous voyons la fonction essentielle de l'Esprit Saint.

Entrer dans le mystère de la mission, non seulement d'une manière rationnelle mais également dans la réalité quotidienne de la vie chrétienne, c'est vraiment entrer et s'enraciner dans le dessein de Dieu. En s'appuyant dans l'Espérance sur le mystère du salut pleinement révélé et accompli dans et par le Jésus-Christ, le fidèle ira courageusement annoncer la Bonne Nouvelle du Royaume et appeler à la conversion au Christ Rédempteur de l'homme.

---

36 Jean-Paul II, *op. cit.*, n° 28. Et le Pape de donner en note les références suivantes : Constitution dogmatique *Lumen Gentium*, n° 25 ; Constitution dogmatique *Dei Verbum*, n. 10 ; *Code de Droit canonique*, canon 747, § 1 ; *Code des Canons des Églises orientales*, canon 595, § 1.

« N'ayez pas peur du Christ ! N'ayez pas peur du Christ, il n'enlève rien mais il donne tout ! »

Ainsi s'est exprimé le Pape Benoît XVI lors de l'inauguration de son Pontificat. Ces mots s'adressent non seulement au missionnaire qui est appelé à être toujours plus uni au Seigneur mais également à celui vers qui il va porter l'Évangile.

Chapitre 2

Avec le disciple bien-aimé, pour la nouvelle évangélisation : Une lecture de l'évangile de saint Jean

Ouverture : On devient chrétien !

> « *Allez ! De toutes les nations faites des disciples, les baptisant au nom du Père, et du Fils et du Saint Esprit, leur enseignant à garder tout ce que je vous ai commandé. Et voici que moi, je suis avec vous tous les jours jusqu'à la fin du monde.* »[37]

Ce mandat missionnaire confié par le Seigneur Jésus ressuscité aux Apôtres nous rapporte cette réalité essentielle de la vie chrétienne : on ne naît pas chrétien mais on le devient. L'évangéliste le dit clairement, envoyés en mission, les Apôtres sont appelés à faire des disciples de toutes les nations non seulement en baptisant mais également en enseignant ce qu'ils ont eux-mêmes reçu. C'est en accomplissant cette mission que les disciples découvrent alors que Jésus est avec

---

37 Matthieu 28, 19-20.

eux. On peut donc aller plus loin. Non seulement on devient chrétien mais de plus on est appelé à l'être toujours plus en prenant toujours conscience de la présence du Seigneur dans notre vie. Comment ? En étant missionnaire !

D'ailleurs, remarquons que lorsqu'à Antioche les disciples prennent le nom de « chrétiens » c'est dans le cadre d'une mission alors que Dieu est pleinement à l'œuvre puisque les nations entrent en masse dans l'Église. Écoutons l'événement :

> *« Ceux donc qu'avait dispersés l'affliction survenue à l'occasion d'Étienne passèrent jusqu'en Phénicie, et à Chypre et à Antioche, n'annonçant la Parole à personne, si ce n'est aux seuls Juifs. Mais il y en eut quelques-uns, des Chypriotes et des Cyrénéens qui, venus à Antioche, s'adressèrent aussi aux Grecs et leur annoncèrent la bonne nouvelle du Seigneur Jésus. Et la main du Seigneur était avec eux, et grand fut le nombre de ceux qui crurent et se tournèrent vers le Seigneur. La nouvelle en vint aux oreilles de l'Église établie à Jérusalem, et on envoya Barnabé à Antioche. Quand il fut arrivé et qu'il eut vu la grâce de Dieu, il se réjouit et il les exhorta tous à rester d'un cœur ferme attachés au Seigneur ; car c'était un homme de bien, et rempli de d'Esprit Saint et de foi. Et une foule considérable fut ajoutée pour le Seigneur. [Barnabé] se rendit à Tarse pour rechercher Saul. Et l'ayant trouvé, il l'amena à Antioche. Or donc, ils furent reçus dans l'Église une année tout entière, et ils instruisirent une foule considérable ; et c'est à Antioche que pour la première fois on donna le nom de chrétiens »*[38].

Ces versets du livre des Actes nous révèlent plusieurs éléments. Tout d'abord, la mission s'inscrit à l'intérieur d'un événement historique : l'exécution

---
[38] Actes des Apôtres 11, 19-26.

d'Étienne[39]. La présence de Saul à ce meurtre est comme un véritable passage de témoin pour l'action missionnaire se vivant dans un témoignage explicite de foi. Dieu passe par les événements de l'histoire d'où l'importance de savoir lire les signes des temps. Deuxièmement, dans la mission, il y a un discernement, en effet en certains lieux on n'annonce pas la Parole tandis que dans d'autres cette annonce est efficace. Troisièmement, la sainteté et la foi du missionnaire, en l'occurrence Barnabé, sont aussi manifestées ainsi que son attachement à l'Église et aux grands témoins de la foi. C'est vraiment l'Esprit Saint qui conduit la mission et qui est le gage de la fécondité missionnaire.

De la lecture de ces versets, il découle que le nom de chrétien porte en lui-même cette dimension missionnaire, cette dimension de l'œuvre de la grâce de Dieu agissant au cœur de l'Église. Lorsque je dis : « Je suis chrétien », je témoigne de cette force agissante du Christ au cœur de ma vie par le ministère de l'Église. En d'autres termes, chrétien, je lui suis par le don de la grâce baptismale, mais en même temps appelé à le devenir toujours plus dans le quotidien de ma propre vie.

Au début de sa première encyclique, *Deus Caritas est*, le Pape Benoit XVI écrit :

> « À l'origine du fait d'être chrétien, il n'y a pas une décision éthique ou une grande idée, mais la rencontre avec un événement, avec une Personne, qui donne à la vie un nouvel horizon et par là son orientation décisive. »[40]

Il y a donc dans la réalité de la foi chrétienne la prise en considération du temps et de l'histoire, de la conscience de l'homme appelé à répondre librement à l'appel du Seigneur qu'il a rencontré. Cette rencontre, qui transfigure totalement la vie, fait de l'homme un disciple, c'est-à-dire qu'il entre dans une nouvelle étape de

---

39 Il faudrait relire tout le chapitre 7 du livre des Actes des Apôtres. Ce chapitre nous rapporte et le discours d'Étienne devant le Sanhédrin et l'exécution de la sentence de lapidation.
40 Benoît XVI, *Deux Caritas Est*, n° 1.

sa vie en écoutant et suivant les enseignements ainsi que la vie de Jésus-Christ. Cet enseignement qui s'accomplit dans le commandement nouveau de l'Amour :

> *« Je vous donne un commandement nouveau : que vous vous aimiez les uns les autres ; comme je vous ai aimés, que vous aussi vous vous aimiez les uns les autres. En cela tous connaîtront que vous êtes mes disciples : si vous avez de l'amour les uns pour les autres »*[41].

Par le don de la grâce agissant au cœur de sa propre vie, l'homme est appelé à devenir un disciple bien-aimé et un disciple bien-aimant. A la suite du Christ qui est l'homme par excellence et qui humanise l'humanité entière en la sauvant, peu à peu le disciple deviendra lui aussi pleinement homme parce que pleinement fidèle du Christ. La vie chrétienne peut être considérée comme un cheminement vers le Père, par le Christ, avec le Christ et grâce au Christ.

> *« Moi, je suis le Chemin, et la Vérité, et la Vie ! Personne ne vient vers le Père que par moi »*[42].

Les pages qui vont suivre se veulent une contemplation de la réalité de ce cheminement de la vie chrétienne car la connaissance de ce cheminement permet de comprendre non seulement ce que chaque disciple est appelé à vivre mais également cela permet de considérer la dimension missionnaire de la vie chrétienne afin de ne pas brusquer les étapes dans la vie de celui qui est évangélisé. Comme fil conducteur, nous allons prendre la globalité de l'évangile de saint Jean non dans une lecture exégétique mais dans une lecture spirituelle considérant que tout homme est appelé à devenir le disciple bien-aimé. Nous accueillerons donc l'évangile d'une manière canonique, c'est-à-dire tel qu'il nous est donné dans le canon des Écritures.

---

41 Jean 13, 34-35.
42 Jean 14, 6.

Devenir Disciple bien-aimé

De fait, dès les premiers versets du quatrième évangile, on trouve l'origine du cheminement des disciples de Jésus : une rencontre personnelle et communautaire.

> *« Jean se tenait là avec deux de ses disciples. Et regardant Jésus qui passait là, il dit : "Voici l'Agneau de Dieu." Et les deux disciples l'entendirent parler, et ils suivirent Jésus. Mais, se retournant et les voyant qui le suivaient, Jésus leur dit : "Que cherchez-vous ?" Ils lui dirent : "Rabbi (mot qui veut dire : Maître), où demeures-tu ?" Il leur dit : "Venez et vous verrez." Ils vinrent donc et virent où il demeurait, et ils demeurèrent chez lui ce jour-là ; c'était environ la dixième heure »*[43].

De cette rencontre jaillit la mission puisque André ira chercher son frère Pierre pour l'amener au Messie, et puis il y aura Philippe qui amènera Nathanaël. A chaque fois, il y a ce double mouvement ainsi résumé : *« Viens et vois »*[44]. N'est-ce pas ce qu'avait dit Jésus aux premiers disciples ? N'est-ce pas ce que tout missionnaire essaye de dire aux personnes qu'il rencontre pour leur annoncer la Bonne Nouvelle : « Nous avons trouvé le Messie » ?

A l'origine, il y a donc cette rencontre qui met en mouvement. Mais également, dans l'évangile de saint Jean il y a toute une tension, une orientation vers l'HEURE de Jésus. A Cana, lors du premier signe messianique, Jésus affirme avec force : *« Mon heure n'est pas encore arrivée »* ; et lors du début de la passion Jésus *« sachant qu'était venue son heure de passer de ce monde vers le Père »* va laver les pieds de ses disciples pour ensuite leur donner son testament, puis, quelque temps après, il commencera sa prière en disant : *« Père, elle est venue, l'heure ! »*[45] L'ensemble de l'évangile sera comme un mouvement qui prépare à

---

43 Jean 1, 35-39.
44 Cf Jean 1, 40-51.
45 Jean 2, 4 ; 13, 1 ; 17, 1.

l'heure de Jésus. Or, il se trouve que ce n'est qu'au moment de l'heure de Jésus que l'on entend parler pour la première fois de la présence du disciple que Jésus aimait. On peut donc affirmer qu'il y a tout au long du quatrième évangile comme un cheminement pour accueillir cette réalité du disciple bien-aimé qui sera celui qui rend témoignage[46]. Cette présentation de l'évangile de saint Jean détermine les trois parties.

Avant d'ouvrir le quatrième évangile, nous ferons une brève présentation de l'auteur et du texte. Puis, nous regarderons le Prologue qui, comme un véritable discours programmatique, introduit le lecteur au mystère de Dieu et de son dessein pour l'homme. Puis dans un deuxième paragraphe nous avancerons dans le cheminement vers l'heure de Jésus afin d'accueillir la révélation qui conduit à être disciple bien-aimé (Jean 1, 19 à 12, 50). Enfin dans un troisième paragraphe, nous regarderons l'heure de Jésus comme révélation de son Amour et donc de ce à quoi est appelé le disciple que Jésus aime (Jean 13 – 21). L'épilogue rapportera la finalité de notre lecture du quatrième évangile qui est de définir les éléments du cheminement de tout homme afin que chacun puisse être pleinement et en vérité le disciple bien-aimé. Nous entrerons alors dans une initiation chrétienne dont le Seigneur Jésus, Verbe Incarné, est le guide. *« Venez et vous verrez ! »*

---

46 *« C'est ce disciple qui témoigne au sujet de ces choses et qui les a écrites, et nous savons que vrai est son témoignage »* (Jean 21, 24).

L'évangile de Saint Jean

L'aigle

Tout en disant que c'est une tradition de longue date, saint Jérôme rapporte au quatrième siècle l'application des différentes figures du tétramorphe[47] au quatre évangélistes. Ainsi la figure allégorique de saint Jean est celle de l'aigle. C'est un animal qui vole haut, qui plane longuement tout en perçant de son regard le sol afin de découvrir ce qui peut le nourrir.

La vision de l'aigle nous permet de comprendre combien le quatrième évangile est très élaboré. Il nous introduit dans une hauteur et une profondeur de la connaissance du mystère de Dieu et de son dessein de salut. C'est un évangile qui pourrait se résumer par ce seul verset :

---

47 C'est en s'appuyant sur deux passages bibliques (Ézéchiel 1, 1-14 et Apocalypse 4, 7-8) que les Pères de l'Église ont appliqué aux quatre évangélistes une représentation allégorique né des visages des quatre vivants. L'homme représente saint Matthieu puisque son évangile commence par la généalogie de Jésus ; le lion représente saint Marc car son évangile s'ouvre par des scènes au désert ; le taureau est saint Luc puisqu'il parle du prêtre Zacharie, membre de la tribu de Lévi dont le symbole est justement le taureau ; l'aigle sera saint Jean car son prologue nous emmène au sein de la Trinité Sainte. Dans la Tradition, comme dans l'iconographie, le tétramorphe peut aussi figurer la personne du Christ. En effet, en Jésus, Dieu s'est fait homme (l'homme) ; il a été victime immolée sur le bois de la croix (le taureau) ; il a traversé la mort sans s'y endormir, c'est une qualité que l'on attribue au lion ; il est monté au ciel (l'aigle)

« Dieu en effet a tant aimé le monde qu'il a donné le Fils, l'Unique, pour que tout homme qui croit en lui ne périsse pas, mais qu'il ait la vie éternelle »[48].

Ainsi, là où les synoptiques présentent un événement au cœur d'une histoire assez simple n'ayant qu'une seule montée vers la ville sainte de Jérusalem au terme du ministère publique de Jésus, l'évangile de saint Jean présente trois montées à Jérusalem pour la Pâque permettant ainsi de définir une durée de la vie publique de Jésus d'environ deux ans et demi. De plus, saint Jean développe peu à peu des discours, des enseignements explicitant ou donnant un sens aux faits, aux événements. Prenons deux exemples pour illustrer le propos.

Le premier exemple est celui des vendeurs chassés du Temple par Jésus. La présentation catéchétique des synoptiques conduit Jésus à monter à Jérusalem au terme de sa mission et de sa vie. C'est alors qu'il chasse les marchands du Temple, ce qui nourrit le désir des scribes et des pharisiens de se débarrasser de Jésus. Dans une optique différente, l'évangile de saint Jean place cet événement lors de la première montée de Jésus à Jérusalem. Il en profite pour parler du nouveau Temple qu'est son corps et qui en trois jours sera relevé. La conséquence de ce développement permet à l'évangéliste d'introduire le thème de la foi des disciples en la Parole du Seigneur[49]. Pour saint Jean, à la différence des synoptiques, cet événement ne conduira pas au désir de faire périr Jésus mais il ouvrira au cheminement de foi auquel les disciples sont appelés et seront conduits tout au long de son évangile.

Le deuxième exemple est celui de la multiplication des pains. Tous les évangélistes rapportent la scène et parfois plusieurs fois dans leur récit. Là encore,

---

48 Jean 3, 16.
49 Cf Jean 2, 13-22. On peut retrouver cet événement en Matthieu 21, 12-13 ; Mc 11, 15-17 ; Luc 19, 45-46.

Devenir Disciple bien-aimé

l'orientation de saint Jean diffère quelque peu de la vision des synoptiques. Certes, il y a une dimension eucharistique dans les différentes multiplications des pains. Saint Matthieu est même assez explicite : *« Après avoir ordonné aux foules de s'allonger sur l'herbe, ayant pris les cinq pains et les deux poissons, levé les yeux au ciel, il dit la bénédiction et, ayant rompu les pains, il les donna aux disciples, et les disciples aux foules »*[50]. Les gestes de Jésus sont très liturgiques et ouvre à la réalité de l'eucharistie. Dans le quatrième évangile, qui ne rapporte pas l'institution de l'eucharistie, l'événement de la multiplication des pains conduit à une véritable catéchèse de grande densité théologique sur la réalité du pain de vie. L'optique de saint Jean est très claire : ouvrir au mystère de la nourriture nécessaire pour la vie éternelle[51].

On pourrait multiplier les exemples. Ceux-ci nous révèlent clairement que pour saint Jean tout est prétexte à enseignement car tout a un sens théologal profond conduisant ses auditeurs à un acte de foi. Ces réflexions, l'évangéliste les conduit de manière subtile traversant des thèmes symboliques, comme lumière/ténèbres, vérité/mensonge, mort/vie, afin de les mettre au service d'une connaissance de la personne même du Christ comme Fils bien-aimé glorifié par le Père et glorifiant le Père.

Nous sommes donc face à un livret très élaboré et nous introduisant profondément dans la connaissance de Dieu par le *« Fils unique qui est dans le sein du Père »*[52].

---

50 Matthieu 14, 19.
51 Il faudrait reprendre l'ensemble du chapitre 6 de l'évangile de saint Jean. Citons simplement le premier verset de ce grand discours sur le pain de vie : *« Travaillez à acquérir non la nourriture qui périt, mais la nourriture qui demeure pour la vie éternelle, celle que le Fils de l'homme vous donne »* (v. 27). Nous trouvons dans ce verset une notion de cheminement vers le bien ultime et qui donne un sens plénier à la vie de l'homme : la vie éternelle.
52 Jean 1, 18.

Datation et Auteur

Il est communément admis que l'évangile de saint Jean a été écrit vers les années 90 avec des ajouts, comme le chapitre 21 ou même le Prologue, dans les années 100 – 110. Ce qui est sûr, c'est que nous nous situons dans le cadre d'une communauté de foi chrétienne vécue par l'Église primitive. La lecture du quatrième évangile donne à penser que les destinataires se situent dans un faisceau assez large de croyants et d'intellectuels. Cela est important car nous trouvons dans ce livret johannique une certaine unité entre foi et raison révélant ainsi dès le premier siècle de l'importance de considérer les exigences rationnelles de la foi chrétienne. Comment ici ne pas penser à tout l'enseignement de Jésus à Nicodème rapporté dans le chapitre 3 (v. 1-21) de l'évangile. Chercheur de vérité et Pharisien, donc connaissant et pratiquant la Loi, Nicodème interroge Jésus et veut comprendre la réalité de la nouvelle naissance à laquelle Jésus l'appelle. *« Tu es le docteur d'Israël, et tu ne connais pas cela ! »*[53].

Une question alors surgit : qui est l'auteur de cet évangile que la Tradition attribue à saint Jean ? Il est difficile, pour ne pas dire délicat de répondre à une telle question. En effet, il existe plusieurs Jean dans l'évangile et l'auteur ne dit pas qui il est. Laissons donc aux exégètes le soin d'apporter des éléments de réponses. Simplement, la lecture de l'évangile nous donne de voir peu à peu le portrait de celui qui en est l'auteur.

Tout d'abord, c'est un homme discret qui se veut disciple en secret, un peu comme Nicodème qui vient voir Jésus la nuit ou comme Joseph d'Arimathie, *« un disciple de Jésus, mais qui l'était en secret par peur des Juifs »* et qui malgré tout osera demander le corps de Jésus à Pilate afin de le déposer d'une manière digne

---

[53] Jean 3, 10.

dans un tombeau. Ce qu'il accomplira aidé par Nicodème. L'auteur ne dit pas son nom mais il rend témoignage, « *et nous savons que vrai est son témoignage* »[54].

Le deuxième élément qui nous est donné, afin de connaître l'auteur du quatrième évangile, se trouve dans le fait que l'évangéliste parle de ce qu'il a vécu avec Jésus non seulement personnellement dans une relation privilégiée, mais également avec le cœur. Il convie le lecteur à son cheminement de foi partant de la question essentielle qu'il se pose, « Qui est cet homme ? », afin d'arriver à ce magnifique acte de foi lorsqu'il entre dans le tombeau du ressuscité à la suite de Pierre. Cette scène est comme la clé de voute du cheminement de foi du disciple.

> *« Pierre sortit donc, ainsi que l'autre disciple, et ils venaient au tombeau. Tous deux couraient ensemble, mais l'autre disciple courut en avant plus vite que Pierre et vint le premier au tombeau. Se penchant, il aperçoit les bandelettes posées là ; pourtant il n'entra pas. Vient donc aussi Simon-Pierre, qui le suivait, et il entra dans le tombeau. Il voit les bandelettes posées là, ainsi que le suaire qui était sur sa tête, non pas posé avec les bandelettes, mais roulé à part, dans un autre endroit. Alors donc entra aussi l'autre disciple, qui était venu le premier au tombeau ; il vit et il crut. Car ils n'avaient pas encore compris l'Écriture, selon laquelle il devait ressusciter d'entre les morts. Les disciples s'en allèrent donc de nouveau chez eux »*[55].

Un troisième élément nous donne à comprendre pourquoi il est arrivé le premier au tombeau et comment l'acte de foi s'accomplit. Il est celui qui est proche du Cœur du Seigneur[56], celui qui vient nous parler de l'Amour de Dieu. C'est d'ailleurs lui qui rapporte le commandement nouveau de l'Amour que le

---

54 Cf Jean 19, 38s ; 21, 24.
55 Jean 20, 3-10.
56 Cf Jean 13, 25.

Seigneur laisse à ses disciples afin qu'ils deviennent pleinement des témoins de la Miséricorde[57]. Nous sommes alors plongés au cœur de la foi chrétienne que tout disciple est appelée à proclamer.

Ces trois éléments nous permettent de dire que l'auteur du quatrième évangile, saint Jean, est en quelque sorte un modèle du missionnaire pour la mise en œuvre d'une nouvelle évangélisation aujourd'hui.

Éléments pour une lecture de l'évangile de saint Jean

Après cette trop rapide présentation du quatrième évangile, il convient maintenant de l'accueillir afin d'en goûter le message, la Bonne Nouvelle qui nous est donnée. Les différents thèmes sont autant de rayons qui non seulement jaillissent du cœur de l'évangile qu'est l'AMOUR pleinement dévoilé en Jésus-Christ, mais également nous y conduisent chacun d'une manière particulière et tous ensemble afin de pouvoir en vivre. En effet, les thèmes qui traversent le quatrième évangile s'appellent mutuellement, s'enchevêtrent et s'entrecroisent inlassablement tout au long des versets. C'est ainsi qu'ils nous mènent à découvrir le cœur de l'enseignement théologique de l'évangile de saint Jean : la personne de

---

[57] Cf Jean 13, 34-35. « Toute ma vie durant, j'ai été accompagné d'un côté par le thème du Christ comme Dieu vivant et actuel, le Dieu qui nous aime et nous guérit à travers la souffrance, et de l'autre côté par le thème de l'amour, qui devint central dans la théologie de Jean – dans la conscience qu'il s'agit de la clef de voûte du christianisme, que c'est à partir de là que celui-ci doit être lu ». Benoît XVI, *Lumière du monde*, Bayard, 2010, p. 139s.

Devenir Disciple bien-aimé

Jésus-Christ qui nous révèle le vrai visage du Père nous conduisant ainsi à la Gloire.

En d'autres termes, ce qui est central dans l'enseignement de l'évangile de saint Jean, c'est le mystère de l'incarnation. Jésus est la Parole envoyée par Dieu et qui retourne auprès du Père après avoir accompli sa mission. C'est le mouvement de l'*exitus – reditus* qui est présent dans le Prologue, et qui nourrit l'ensemble de la dynamique de la pensée du quatrième évangile.

Nous retrouvons ce qu'avait annoncé le prophète Isaïe :

« De même que la pluie et la neige descendent du ciel et n'y retournent pas sans avoir abreuvé la terre, sans l'avoir fécondée et fait germer, pour qu'elle donne la semence au semeur et le pain à celui qui mange, ainsi en est-il de la parole qui sort de ma bouche : elle ne retourne pas vers moi sans effet, sans avoir exécuté ce que je voulais et fait réussir ce pour quoi je l'avais envoyée »[58].

Il s'agit donc d'accueillir le Verbe Incarné qui se révèle et se livre lui-même. Mais alors, comment va-t-il accomplir cette mission ?

Tout d'abord, il le fera au travers de signes, que sont les miracles de Jésus, et de discours, qui sont de véritables petits traités théologiques très pédagogiques[59]. De plus, il y a la geste dramatique de la Passion de Jésus mais qui nous est présentée comme étant l'Heure de *« passer de ce monde vers le Père »*[60], c'est la glorification du Fils et du Père parce que c'est l'Heure de l'Amour pour la vie éternelle.

---

58 Isaïe 55, 10-11.
59 Citons simplement deux exemples : 1. les noces de Cana au cours desquelles Jésus transforme l'eau en vin à la demande de sa mère, c'est l'annonce de la saveur de l'Alliance nouvelle (Jean 2) ; 2. la multiplication des pains qui nous introduit au discours sur le Pain de Vie véritable traité sur l'Eucharistie (Jean 6).
60 Jean 13, 1.

> « *Père, elle est venue, l'heure ! Glorifie ton Fils, afin que le Fils te glorifie, selon que tu lui as donné pouvoir sur toute chair, afin qu'à tout ce que tu lui as donné, il donne à ceux-là la vie éternelle. Et telle est l'éternelle vie : qu'ils te connaissent, toi, le seul véritable Dieu, et celui que tu as envoyé, Jésus Christ. Moi, je t'ai glorifié sur la terre, en accomplissant l'œuvre que tu m'as donnée à faire. Et maintenant, toi, Père, glorifie-moi auprès de toi, de la gloire que j'avais auprès de toi avant que le monde fût* »[61].

Il en résulte que le quatrième évangile est un univers de signes et de symboles. En effet, on trouvera par exemple l'eau vive, la vraie vigne, le pain de vie, le bon pasteur, et d'autres encore. Mais il faut bien comprendre le sens de ces signes qui ont une dimension allégorique. Il ne s'agit pas de porter un jugement sur une situation, comme on peut le faire avec les paraboles des évangiles synoptiques, mais d'accueillir la révélation de qui est Jésus et de ce à quoi il nous appelle *« pour que là où je suis, moi,* nous dit-il, *vous aussi vous soyez »*[62].

Le mystère de l'Incarnation permet d'affirmer que la nature humaine du Verbe qui a pris chair de notre chair nous permet d'accueillir la divinité du Fils et que la divinité vient jusqu'à nous par le Fils fait homme. De même les signes et les symboles présents dans l'ensemble de l'évangile de saint Jean nous conduisent au mystère et le mystère nous est révélé par les différents signes et symboles. Il en résulte que « les événements rapportés dans le Quatrième évangile doivent être compris comme des événements significatifs (…). Dans plusieurs cas, une indication de leur signification est fournie dans les discours qui les accompagnent. Dans d'autres cas, il nous est demandé de les interpréter conformément aux méthodes et aux conceptions bien connues de l'évangéliste. » En effet, « il n'y a

---

61 Jean 17, 1-5.
62 Jean 14, 3.

aucune raison qui empêche un récit d'être en même temps vrai quant aux faits et symbolique d'une vérité plus profonde, puisque les choses et les événements de ce monde tirent ce qu'ils possèdent de réalité des Idées éternelles qu'ils incarnent »[63].

Ce qui vient d'être dit concernant la symbolique de l'évangile de saint Jean nous donne à comprendre l'épaisseur de notre propre vie inscrite dans l'histoire de l'humanité qui est à la fois histoire des hommes et histoire de la Providence divine. D'où la nécessité de savoir discerner les signes des temps dans le cheminement de foi vers le fait de devenir toujours plus disciple bien-aimé.

« Mû par la foi, se sachant conduit par l'Esprit du Seigneur qui remplit l'univers, le Peuple de Dieu s'efforce de discerner dans les événements, les exigences et les requêtes de notre temps, auxquels il participe avec les autres hommes, quels sont les signes véritables de la présence ou du dessein de Dieu »[64].

Or, il se trouve que la démarche de foi a une dimension paradoxale d'accueils et de refus, de victoires et d'échecs, de confusion face aux « signes », etc. L'évangile de saint Jean est traversé par cette réalité de l'acte de foi, accompagné du drame de l'incrédulité. Certes, nous le voyons dans les rapports entre Jésus et les Juifs, mais nous le voyons également dans le cœur des hommes en général et des disciples en particulier.

Comment ne pas penser à la finale du chapitre 6. Jésus vient de faire le magnifique discours sur le Pain de Vie après avoir nourri les foules. Si on sent tout au long du discours la difficulté qu'ont les auditeurs de Jésus d'accueillir sa parole, la réaction finale ne se fait pas attendre : « *Beaucoup de ses disciples, après avoir*

---

63 C.H. Dodd, *L'interprétation du quatrième évangile*, Cerf – Lectio Divina n° 82, 1975, p. 187. Tout au long des pages qui suivent, nous nous appuierons sur cette lecture symbolique de l'évangile afin de percevoir ce qui nous donne de devenir disciple bien-aimé et ce à quoi nous sommes appelés à vivre afin de l'être en vérité.
64 Concile *Vatican II*, Constitution *Gaudium et Spes*, n° 11 §1.

entendu, dirent donc : "Ce langage est dur ; qui peut l'entendre ?" (...) A partir de ce moment, beaucoup de ses disciples s'en retournèrent et cessèrent d'aller avec lui ». Mais face à cette défection, il y a la profession de foi des Apôtres par la voix de Simon- Pierre : *« Seigneur, vers qui irions-nous ? Tu as les paroles de la vie éternelle. Pour nous, nous avons cru et nous avons connu que c'est toi, le Saint de Dieu »*[65].

On retrouve ce paradoxe dans l'opposition simple lumière/ténèbres qui court tout au long de l'évangile dès le Prologue et qui trouve sa meilleure expression dans l'épisode de l'aveugle-né (Jean 9). D'ailleurs ce chapitre de l'évangile de saint Jean nous montre la complexité de ce qui se passe dans le cœur de l'homme appelé à accueillir la lumière. Au travers des différents protagonistes (Jésus, disciples, aveugle-né, Pharisiens, parents de l'aveugle), cet épisode nous conduit dans les méandres de l'âme humaine, en passant par des situations cocasses, pour arriver à la solution dans un acte de foi magnifique dû à une rencontre personnelle après un itinéraire parsemé d'embûches : *« Jésus apprit qu'ils (les Juifs) l'avaient jeté dehors (l'aveugle-né guéri) et, le trouvant, il dit : "Crois-tu, toi, en le Fils de l'homme ?" Celui-ci répondit, et il dit : "Et qui est-il, Seigneur, pour que je crois en lui ?" Jésus lui dit : "Et tu l'as vu, et celui qui parle avec toi, c'est lui." Il déclara : "Je crois, Seigneur", et il se prosterna devant lui. »* Voilà une profession de foi qui sera suivie d'un enseignement fort du Seigneur invitant tout homme à l'accueil humble de la lumière qui vient briller dans les ténèbres[66]. *« Si vous étiez aveugles, vous n'auriez pas de péché ; mais maintenant, parce que vous dites : Nous voyons, votre péché demeure »*[67].

Cette parole de Jésus donne tout son sens à l'opposition lumière/ténèbres qui est à double entrée car « le péché (qui est ténèbres), ce n'est donc pas d'être

---

65 Jean 6, 60-69.
66 Cf Jean 1, 5.
67 Jean 9, 35-38.41.

Devenir Disciple bien-aimé

aveugle, c'est de dire : "Nous voyons !" C'est la suffisance de l'homme se fiant à ses propres lumières »[68]. L'homme a besoin d'être guidé par celui qui est la Lumière, le Verbe fait chair. D'ailleurs dans la suite des versets, Jésus enseignera qu'il est le Bon Pasteur.

Ceci est un élément important dans la lecture que nous faisons. En effet, on ne peut devenir disciple bien-aimé tout seul. Nous avons besoin d'une lumière qui vient éclairer la route et nous conduire. Certes, cette lumière c'est le Christ Jésus lui-même, mais il a confié cette mission à l'Église et donc aux fidèles qui sont appelés à être mutuellement les uns pour les autres des lumières afin de se mettre ensemble et chacun personnellement à l'écoute de la Parole de Dieu et de l'enseignement du magistère de l'Église[69]. C'est ainsi que notre cheminement vers et avec le disciple bien-aimé nous donnera à ne faire plus qu'un avec l'amour de Dieu[70].

> « *Je vous donne un commandement nouveau : que vous vous aimiez les uns les autres ; comme je vous ai aimés, que vous aussi vous vous aimiez les uns les autres. En cela tous connaîtront que vous êtes mes disciples : si vous avez de l'amour les uns pour les autres* »[71].

Ce commandement nouveau engage le disciple à entrer dans une imitation du Seigneur afin de devenir icône de la Trinité Sainte[72] et témoin de la présence de Jésus dans le monde. Cela est possible pour deux raisons : 1. Jésus le Verbe Incarné est donc la Vérité pleinement révélée ; 2. Jésus promet la venue de l'Esprit Saint à ses disciples afin qu'ils soient introduits dans la vérité tout entière. Cette vérité est non seulement une connaissance mais également un agir. En exprimant

---

68 Annie Jaubert, *Approches de l'Évangile de Jean*, Le Seuil, Parole de Dieu, 1976, p. 92.
69 Cf S. Ignace de Loyola, *Exercices Spirituels*, DDB, Col Christus, 1986, Onzième règle, p. 203
70 Cf Jean 21, 15-23 ; S. Ignace de Loyola, *op. cit.*, Dix-huitième règle, p. 205.
71 Jean 13, 34-35.
72 Cf particulièrement Jean 17, 22.

la Parole de Dieu au moyen d'une parole humaine, en vivant la Parole de Dieu au cœur de sa vie, le disciple bien-aimé, envoyé dans le monde sans être du monde, est pour celui-ci non seulement celui qui rend témoignage[73] à la Lumière mais également celui qui conduit au Verbe de Dieu et donc par lui au Père.

Le Prologue (Jn 1, 1-18)

A. Les paradoxes de l'évangile de saint Jean....

Ces dix-huit premiers versets du quatrième évangile sont un texte d'une dimension très particulière. Ils nous ouvrent véritablement à une lecture de l'ensemble de ce livre de saint Jean. Présentés d'une manière hymnique, ces versets sont d'une grande densité et, comme une ouverture d'un opéra, annoncent les principaux thèmes qui seront déployés tout au long de l'évangile. Dans le Prologue, nous avons comme un chant de l'accomplissement du Dessein de Dieu qui est Créateur et Rédempteur et cela malgré toutes les oppositions rencontrées[74]. Sont vraiment présentes les deux dimensions du mystère de Dieu et de son dessein

---

73 Jean 14, 26 ; 21, 24.
74 Remarquons qu'il existait dans l'Église primitive des hymnes qui pouvaient être chantées. Saint Paul en est un grand témoin. Pensons par exemple à l'hymne christologique de la lettre aux Philippiens (2, 6-11) dont le mouvement rejoint celui du Prologue de saint Jean.

éternel. « Il s'agit d'un texte admirable, qui offre une synthèse de toute la foi chrétienne »[75].

1. Créateur : *« Par lui tout a paru, et sans lui rien n'a paru de ce qui est paru »* (verset 3).
2. Rédempteur : *« Il est venu chez lui, et les siens ne l'ont pas accueilli. Mais à tous ceux qui l'ont reçu, il a donné pouvoir de devenir enfants de Dieu, à ceux qui croient en son Nom »* (versets 11 et 12)

Il est certain que le dessein de Dieu s'accomplit à travers tout un tas de d'oppositions qui se résument à travers l'opposition Lumière-Ténèbres. C'est un des thèmes qui va traverser une grosse partie de l'évangile de saint Jean et que l'on retrouve dès le début : *« La lumière brille dans les ténèbres, et les ténèbres ne l'ont pas arrêtée »*. Cette opposition ainsi manifestée est un paradoxe de la vie qu'on retrouve également dans les évangiles synoptiques[76]. Mais, l'expérience de notre propre vie chrétienne nous donne de prendre conscience qu'il y a à la fois du bon grain et de l'ivraie, des lumières et des ténèbres. C'est pourquoi, il nous faut oser lever les yeux vers le Seigneur afin d'accueillir sa miséricorde, qui est là présente et qui agit au cœur de notre vie.

Un autre paradoxe est présent dans le Prologue. Il s'agit du rapport entre la loi et la grâce : *« La Loi a été donnée par Moïse, mais la grâce et la vérité sont venues par Jésus-Christ »*. Ne disons pas opposition, mais paradoxe, parce qu'il ne faut pas opposer la loi et la grâce. En effet, saint Paul dira que la loi est un

---

75 Benoît XVI, *Exhortation apostolique Verbum Domini sur la Parole de Dieu*, 30 septembre 2010, n° 5.
76 On peut citer par exemple la parabole du bon grain et le l'ivraie rapportée dans l'évangile de saint Matthieu 13, 24-30, expliquée par Jésus lui-même dans les versets 36 à 43 du même chapitre.

pédagogue qui nous conduit à Jésus[77]. L'homme a donc besoin de la loi pour cheminer et avancer jusqu'à la personne du Christ qui lui fait grâce.

Un dernier paradoxe est à relever. Il se trouve dans les dimensions de la temporalité et de l'éternité, de ce qui unit ensemble cette double dimension de la vie. Une question alors se pose : Qu'est-ce qui va maintenir l'ensemble ? Saint Jean vient nous donner la réponse d'une manière à la fois simple et magnifique : *« Et le Verbe est devenu chair, et il a séjourné parmi nous »*. Temporalité et Éternité sont pleinement unies dans l'Incarnation du Fils bien-aimé, puisque le verbe est Dieu, ainsi que nous le dit d'une manière claire l'évangéliste dès le premier verset.

Le Prologue est porteur de toutes ces tensions inhérentes à la vie humaine tout en annonçant la réalité de l'accomplissement du dessein de Dieu. En effet, le Prologue se termine par ce qu'est l'accomplissement du dessein de Dieu : *« Dieu personne ne l'a jamais vu ; un Dieu, Fils unique qui est dans le sein du Père, Celui-là l'a fait connaître »*. Le quatrième évangile reprendra le même thème dans la prière de Jésus au chapitre 17 : *« Et telle est l'éternelle vie : qu'ils te connaissent, toi, le seul véritable Dieu, et celui que tu as envoyé, Jésus Christ »*.

Ces quelques mots nous montrent qu'il y a dans le Prologue l'ensemble des thèmes de l'évangile de saint Jean ouvrant ainsi l'auditeur et le lecteur aux paradoxes de la Bonne Nouvelle du Royaume et de sa propre vie dans le Christ.

---

[77] *« De sorte que la Loi est devenue notre pédagogue jusqu'à Christ, pour que nous fussions justifiés par la foi »* (Ga 3, 24).

B. ... et une dynamique christologique.

Cet hymne qu'est le Prologue est construit de telle manière que les différents thèmes exposés s'appellent et se répondent. Cela nous donnera de découvrir une authentique dynamique du Verbe de Dieu et donc de la mission qui est la nôtre.

Partons des premiers mots de saint Jean. « *Au commencement était le Verbe et le Verbe était auprès de Dieu, et le Verbe était Dieu* » (v. 1). Comme dans le livre de la Genèse qui s'ouvre par un commencement, le quatrième évangile nous introduit dans l'origine. Et cette origine est en Dieu lui-même. L'auteur sacré, dès le début, place son lecteur au sein même de la Trinité. Tout commence en Dieu. Remarquons également que la finale du Prologue fait de même : « *Dieu, personne ne l'a jamais vu ; un Dieu, Fils unique qui est dans le sein du Père, Celui-là l'a fait connaître* » (v. 18).

La finalité de la dynamique du Prologue, c'est Dieu lui-même. Il se trouve qu'entre le début et la fin, il y a l'exposé de réalités liées à l'histoire du salut car le fils unique « *a fait connaître* » Dieu. Il s'est bien passé quelque chose car il y a dans la connaissance une idée de présence dans l'intelligence de l'objet appréhendé. Or, dans le Prologue, il s'agit de connaître Dieu par le Fils. Cette connaissance est le témoignage de la présence de Dieu en celui qui a reçu la Parole, le Verbe fait chair.

La lecture thématique du Prologue va nous donner à comprendre comment cet événement s'est accompli.

Il y a, dans le texte que nous lisons, deux citations de Jean-Baptiste. Ces mentions se répondent mutuellement comme avec un miroir. « *Parut un homme envoyé de Dieu ; son nom était Jean. Il vint en témoignage, pour témoigner au sujet de la lumière, afin que tous crussent par lui. Celui-là n'était pas la lumière, mais il devait témoigner au sujet de la lumière »* (v. 6-8). Le verset 15 nous dira sensiblement la même chose : « *Jean témoigne à son sujet, et il crie : "C'était celui dont j'ai dit : Celui qui vient après moi est passé devant moi, parce que, avant moi, il était".* »

Peu à peu se dessine une dynamique qui peut se résumer ainsi : **tout vient de Dieu et tout retourne à Dieu.** La suite de la lecture va nous confirmer cela.

En effet, nous retrouvons encore deux autres versets dont les thèmes de la venue du Verbe dans le monde et de son accueil par celui-ci leur donnent d'être en vis-à-vis. « *Il était dans le monde, et par lui le monde a paru, et le monde ne l'a pas connu. Il est venu chez lui, et les siens ne l'ont pas accueilli* » (v. 10-11) ; « *Et le Verbe est devenu chair, et il a séjourné parmi nous. Et nous avons contemplé sa gloire, gloire comme celle que tient de son Père un Fils unique, plein de grâce et de vérité* » (v. 14). Cette thématique permet de comprendre que le regard sur le monde ne peut être vrai que dans son rapport avec Dieu créateur par sa parole, et donc d'une manière particulière avec le Verbe fait homme.

Ces versets nous montrent la réalité diaphane du monde qui nous donne de pouvoir accéder au mystère de Dieu en le traversant grâce au Fils bien-aimé qui a pris chair de notre chair.

La suite du Prologue nous permet d'aller encore plus loin dans la révélation de la surabondance de l'amour de Dieu pour nous. « *Mais à tous ceux qui l'ont reçu, il a donné pouvoir de devenir enfants de Dieu, à ceux qui croient en son Nom, qui ne sont pas nés du sang, ni d'un vouloir de chair, ni d'un vouloir d'homme, mais de Dieu* » (v. 12-13). Nous sommes au cœur du Prologue et donc au cœur du message de l'évangile de Saint-Jean : nous sommes appelés à devenir enfants de Dieu.

Devenir Disciple bien-aimé

Le mouvement du Prologue que nous avons pu ainsi découvrir nous rappelle ce qu'a pu écrire le prophète Isaïe au sujet de la parole qui vient de Dieu :

> « *De même, en effet, que la pluie et la neige descendent du ciel et n'y retournent pas sans avoir abreuvé la terre, sans l'avoir fécondée et fait germer, pour qu'elle donne la semence au semeur et le pain à celui qui mange, ainsi en est-il de la parole qui sort de ma bouche : elle ne retourne pas vers moi sans effet, sans avoir exécuté ce que je voulais et fait réussir ce pour quoi je l'avais envoyée* »[78].

Mais de plus, nous avons le même mouvement de l'*exitus-reditus* qui est présent dans l'hymne christologique de l'épître aux Philippiens[79]. L'abaissement et l'exaltation du Christ, Verbe de Dieu, cause de notre salut, nous ouvre à la plénitude de notre vocation d'homme : devenir enfant de Dieu et entrer avec Lui dans la Gloire[80].

C. Une ouverture missionnaire

La découverte du cœur du message évangélique, prendre pleinement conscience de la vocation définitive de l'homme, doit nous aider dans la démarche missionnaire. En effet, regarder celui vers qui on est envoyé et à qui on va témoigner de l'Évangile comme étant appelé à être né de Dieu, cela nous donne une grande responsabilité vis-à-vis de lui ! Le missionnaire est appelé à venir lui

---

78 Isaïe 55, 10-11.
79 Philippiens 2, 5-11.
80 Cf Joseph Ratzinger-Benoît XVI, *Jésus de Nazareth – De l'entrée à Jérusalem à la Résurrection*, Ed du Rocher, 2011, p. 75 et 76.

dire : « Dieu t'aime au point de te donner de devenir son enfant. Et parce que Dieu t'aime, moi je t'aime puisque nous sommes appelés à être frères en Jésus-Christ, Verbe de Dieu ». En d'autres termes, la connaissance de la vocation de l'homme doit non seulement changer notre regard sur tout homme mais également cela doit nous inviter à inlassablement nous interroger : « Comment vais-je être témoin de ce vouloir de Dieu ? »

Dans le cadre de la mission, le Prologue nous engage à une grande responsabilité. En effet, celui qui part annoncer l'Évangile est appelé à transmettre la vérité du message de la Bonne Nouvelle du Royaume. Ces dix-huit premiers versets de saint Jean permettent d'entrer dans une juste conception de Dieu et une juste conception de l'homme afin d'être vraiment des collaborateurs de la vérité[81].

Une juste conception de Dieu nous demande d'avoir une formation catéchétique, théologique, ce qui nous engage à continuer inlassablement à connaître QUI EST DIEU ! Non pas des idées que je me fais sur Dieu mais qui est Dieu. *« Mon enseignement n'est pas le mien, mais [il est] de Celui qui m'a envoyé »* dit Jésus. Il en va de même pour tout missionnaire[82]. Celui qui vient révéler pleinement cette juste conception de Dieu, c'est le Verbe incarné puisqu'il est Dieu et qu'il vient parmi nous : *« Dieu, personne ne l'a jamais vu ; un Dieu, Fils unique qui est dans le sein du Père, Celui-là l'a fait connaître »*[83]. Le Prologue nous révèle différentes réalités du mystère de Dieu :

1. Dieu est transcendant : *« Dieu, personne ne l'a jamais vu »*.

---

81 Cf 3Jean 8
82 Jean 7, 16 ; Cf le mandat missionnaire rapporté par saint Matthieu dans lequel Jésus dit clairement *: « Allez ! De toutes les nations faites des disciples, les baptisant au nom du Père, et du Fils et du Saint Esprit, leur enseignant à garder tout ce que je vous ai commandé »* (Mt 28, 19-20).
83 Jean 1, 18.

Devenir Disciple bien-aimé

2. Dieu est créateur par sa parole : « *Il (le Verbe) était au commencement auprès de Dieu. Par lui tout a paru, et sans lui rien n'a paru de ce qui est paru* ». Il y a dans ce verset comme une reprise menant à son accomplissement de la grande liturgie créatrice de Dieu rapportée par le premier chapitre du livre de la Genèse.

3. Par le Verbe Dieu se révèle se donnant : « *La lumière, la véritable, qui illumine tout homme, vient dans le monde* » ; « *Et le Verbe est devenu chair, et il a séjourné parmi nous. Et nous avons contemplé sa gloire, gloire comme celle que tient de son Père un Fils unique, plein de grâce et de vérité* » ; « *Un Dieu, Fils unique qui est dans le sein du Père, Celui-là l'a fait connaître* ».

4. Dieu Rédempteur et Sauveur : par l'accueil dans la foi, Dieu conduit son Peuple, conduit l'humanité à devenir enfant de Dieu. « *Mais à tous ceux qui l'ont reçu, il a donné pouvoir de devenir enfants de Dieu, à ceux qui croient en son Nom, qui ne sont pas nés du sang, ni d'un vouloir de chair, ni d'un vouloir d'homme, mais de Dieu* ».

Si le Prologue nous ouvre à une juste conception de Dieu, il nous conduit aussi vers une juste conception de l'homme. Nous pouvons également relever différents éléments qui nous ouvrent une conception anthropologique conforme à la vérité.

1. L'homme est un être créé puisque que tout ce qui existe a été fait par Dieu. En d'autres termes, l'homme reçoit ce qu'il est et qu'il n'a pas inventé. Nous ne sommes pas Dieu !

2. L'homme est illuminé par le Verbe : « *La lumière, la véritable, qui illumine tout homme, venait dans le monde* ». La personne humaine a besoin de cette lumière qui ne vient pas d'elle-même mais qui vient du

Verbe de Dieu afin d'être acteur d'un humanisme authentique respectueux de l'homme dans toutes ses dimensions. L'histoire tragique des athéismes modernes nous le montre assez[84] ! En regardant autour de nous, nous voyons aussi ce qu'on appelle dans le langage courant tous les paradis artificiels ou les systèmes de pensée philosophique, politique, sociologique ou financier, etc. qui ont des répercussions sur une éthique non respectueuse de la personne.

3. L'homme a une double vocation extraordinaire puisqu'il est appelé, par le Verbe, à connaître Dieu et, par volonté du Père, il est appelé à devenir enfant de Dieu. En d'autres termes, l'homme est capable de Dieu et il porte en lui le désir de Dieu. Il en découle que la plus grande charité, la plus grande miséricorde que le disciple du Christ puisse faire à un être humain, c'est de lui annoncer Dieu, de lui donner Dieu, de lui dire qui est Dieu en vérité ! Le missionnaire risque éventuellement de passer pour un illuminé. C'est presque un compliment puisqu'il s'agira de la lumière du Verbe éternel du Père.

Cette juste conception de Dieu et cette juste conception de l'homme se rencontrent dans la personne même du Fils de Dieu incarné. Le Christ est l'homme par excellence. *« Voici l'homme »* dit Pilate au moment de la Passion[85]. A ce moment précis de l'évangile, Jésus a déjà subi de nombreux outrages. Il est défiguré, mais il est l'homme. En regardant l'*Ecce homo*, qui n'a plus rien d'une figure humaine[86], nous voyons l'homme tel qu'il est c'est-à-dire blessé, ayant besoin de la Rédemption et donc ayant besoin de Dieu. En conséquence dans la démarche d'évangélisation, le missionnaire participe à une humanisation de

---

84 Sur ce sujet, il peut être bon de lire la thèse de François-Xavier Nguyen Tien Dung, *La foi au Dieu des chrétiens, gage d'un authentique humanisme – Henri de Lubac face à l'humanisme athée*, DDB, Théologie à l'Université, 2010.
85 Jean 19, 5.
86 Cf Isaïe 52, 14.

l'homme. Évangéliser, c'est faire de l'humanisme ! La foi au Christ vient illuminer l'humain, vient révéler à l'homme cette trace de la présence divine que Dieu a laissée dans son cœur et qui presse l'homme à répondre à sa propre vocation.

Ces quelques réflexions sur le Prologue de saint Jean ne sont qu'une porte d'entrée, que des pistes de méditation à accueillir pour la suite de notre lecture de l'évangile de saint Jean. Et nous allons le voir, cette lecture, nous entrainant dans la vie du Christ tendu vers son heure, aura une dimension existentielle importante. Dieu chemine avec l'homme et invite l'homme à cheminer avec lui[87]. C'est pourquoi toute lecture de l'Évangile, comme toute réflexion théologique ou spirituelle doivent conduire à la dimension apostolique de la vie chrétienne.

Devenir disciple bien-aimé (Jn 1, 19 - 12, 50)

A. Parier sur une possible rencontre avec le Christ : véritable point de départ pour l'évangélisation !

Juste après le Prologue, il y a une succession rapide d'événements qui nous aide à entrer dans une compréhension de la réalité d'un processus missionnaire. On pourrait le définir en quatre mots : **témoignage** conduisant à une **rencontre**

---

[87] Nous pourrions faire toute une réflexion sur ce cheminement spirituel à partir de l'évangile des disciples d'Emmaüs (Luc 24, 13-35). Qu'il me soit permis d'inviter le lecteur, après avoir lu ce chapitre sur saint Jean, de prendre le temps de méditer sur les disciples d'Emmaüs afin d'y voir son propre cheminement spirituel avec le Seigneur ressuscité.

permettant une **expérience** ouvrant à la **mission**. Cette séquence étant appelée à se renouveler inlassablement non seulement pour le missionnaire mais également pour celui qui reçoit une première annonce de la Bonne Nouvelle.

En ayant cela présent à l'esprit, lisons ces versets qui terminent le chapitre premier du quatrième évangile[88]. Il y a deux temps, tout d'abord la rencontre (versets 19 à 39) puis ensuite la première annonce : « *Nous avons trouvé le Messie* » (versets 40 à 51).

1. Le témoignage de Jean-Baptiste : « *Je suis la voix de celui qui clame dans le désert : Redressez le chemin du Seigneur, selon ce qu'a dit Isaïe, le prophète* ». Ce témoignage du Précurseur conduit à une annonce de la présence de celui qu'on ne connaît pas mais qui est là présent.

2. Faisant suite à ce témoignage, Jean-Baptiste montre Jésus en introduisant ses interlocuteurs à l'identité réelle du Seigneur : « *Voici l'Agneau de Dieu, qui enlève le péché du monde. C'est celui pour lequel moi j'ai dit : Après moi vient un homme qui est passé devant parce que, avant moi, il était* », et un peu plus loin « *J'ai vu l'Esprit descendre, comme une colombe, venant du ciel, et il est demeuré sur lui. (...) Et moi j'ai vu, et j'ai témoigné que c'est lui, l'Élu de Dieu* ». Après avoir décliné son identité, Jean-Baptiste fait en quelque sorte une première annonce disant qui est vraiment Jésus en rendant compte d'une expérience personnelle. Cela aura des effets immédiats.

3. Les premiers disciples partent à la suite de Jésus en lui faisant confiance car ils ne savaient certainement pas où celui-ci allait. C'est alors que se passe une chose extraordinaire : « *Se retournant et les (disciples) voyant*

---

[88] Toutes les citations de l'évangile de saint Jean sont dans la péricope 1, 19-51. Pour les autres citations scripturaires, les références seront mises en note. Il en sera de même dans les autres paragraphes.

qui le suivaient, Jésus leur dit : "Que cherchez-vous ?" » En Jésus, nous voyons pleinement la sollicitude de Dieu pour l'humanité. Ce n'est pas sans rappeler l'événement du péché originel. Dieu va à la recherche de l'homme, « *Où es-tu ?* »[89]. Il se trouve que la réponse est bien différente : « *J'ai eu peur et je me suis caché* » dit Adam dans le livre de la Genèse, alors que les disciples témoignent d'un désir : « *Rabbi, (ce mot veut dire : Maître) où demeures-tu ?* ». Dieu va à la recherche de l'homme et l'homme va à la recherche de Dieu qu'il rencontre dans le Verbe Incarné ; à toute époque il en est ainsi !

4. La réponse du Seigneur ne se fera pas attendre. « *"Venez et vous verrez." Ils vinrent donc et virent où il demeurait, et ils demeurèrent chez lui ce jour-là ; c'était environ la dixième heure* ».

Sur la parole de Jean Baptiste qui a rendu témoignage du Christ, « *Voici l'Agneau de Dieu* », seulement deux de ses disciples font comme un pari de rencontrer Jésus en marchant à sa suite. Est-ce à dire que la parole de Jean-Baptiste n'est pas efficace ? Il semble plutôt que le Précurseur laisse à ses auditeurs le soin de faire leur propre cheminement afin d'aller librement à celui qu'il montre : « l'Agneau de Dieu ».

De ces versets, nous pouvons relever deux choses. Tout d'abord, l'évangélisation ne doit pas conduire à notre propre personne mais doit conduire à celui qui est là, que nous ne connaissons pas, c'est-à-dire au Christ [90]. Deuxièmement, dans la démarche missionnaire, il ne faut pas aller trop vite. En effet, les disciples restent seulement avec Jésus jusqu'à la fin de la journée alors qu'après la Pentecôte ils iront jusqu'à donner leur vie pour le Seigneur. Il y a bien dans la vie des disciples une progression que nous sommes appelés à suivre.

---

89 Genèse 3, 9.
90 Cf Jean 1, 26-27.

Il n'en reste pas moins que juste après cette première expérience de demeurer avec le Seigneur, André va trouver son frère Simon et l'amène à Jésus : « *Nous avons trouvé le Messie !* » Puis il y a Philippe qui est appelé directement par le Seigneur et qui va chercher Nathanaël. Une fois qu'ils ont goûté à cette présence de Jésus, une fois qu'ils ont fait l'expérience de demeurer avec le Maître, ils vont l'annoncer. Ils ne savent pas encore comment, mais ils conduisent, ils attirent, ils prennent par la main et ils disent : « *Viens voir !* » Ils font un pari !

Les chapitres qui suivent ouvrent l'auditeur à différents thèmes qui sont, en quelque sorte, différentes étapes dans le cheminement qui conduit à devenir disciple bien-aimé. Ces thèmes nous sont déployés à travers diverses révélations, à travers des gestes, à travers des discours, à travers toute une réflexion théologique et spirituelle. Grâce au quatrième évangile, mettons-nous en route ![91]

B. La nouvelle alliance a une saveur particulière (chapitre 2)

Jésus se déplace et va à Cana en Galilée pour participer à un mariage. Il n'est pas seul puisque l'évangéliste nous informe que sa mère y était ainsi que ses disciples. C'est là que nous avons le premier signe messianique du Seigneur. Par l'intercession de la Mère de Jésus, celui-ci change l'eau en vin (versets 1 à 11). Ici est annoncée pour la première fois la nouvelle de l'alliance, la saveur de la nouvelle alliance. C'est l'heure de Jésus qui est anticipée grâce à l'intercession de Marie.

---

[91] Nous allons bien évidemment cheminer à grand pas. Chacun des paragraphes qui suivent pourraient être développés afin de goûter la théologie johannique. Nous ne pouvons le faire dans le cadre de cet ouvrage. Le propos est ici de donner au lecteur des pistes de réflexion afin de l'aider dans sa propre démarche missionnaire.

Devenir Disciple bien-aimé

Cette première étape est essentielle pour devenir disciple bien-aimé. En effet, il s'agit de découvrir que Dieu fait alliance avec nous dans le concret de notre vie. Cette réalité a de la saveur, de la densité, une véritable force de vie qui conduit à l'ivresse. *« Tout le monde sert d'abord le bon vin, et quand les gens sont ivres, le moins bon. Toi, tu as gardé le bon vin jusqu'à présent »*, dit le Maître du repas.

Il se trouve que ce premier signe messianique annonce la naissance de l'Église apostolique, c'est-à dire de l'Église fondée sur les Apôtres qui est envoyée en mission pour annoncer la Bonne Nouvelle. Au jour de la Pentecôte, alors que les Apôtres viennent de recevoir l'Esprit Saint, tous ceux qui sont rassemblés et qui les entendent parler réagissent : *« Tous étaient stupéfaits, et perplexes ils se disaient l'un à l'autre : "Qu'est-ce que cela veut dire ?" Mais d'autres raillaient et disaient : "Ils sont pleins de vin doux !" »* Pierre qui est rempli de l'Esprit Saint prend la parole et vient mettre les choses au point en disant : *« Juifs, et vous tous habitants de Jérusalem, sachez bien ceci et prêtez l'oreille à mes paroles. Non, ces gens ne sont pas ivres, comme vous le supposez, car c'est la troisième heure du jour »* ; et Pierre d'annoncer l'accomplissement des promesses pleinement accomplies dans la résurrection du Seigneur. Cette prédication conduira au baptême d'environ trois mille personnes[92].

Ainsi, l'ivresse implicitement vécue aux noces de Cana, c'est l'ivresse de l'Esprit, qui est l'ivresse de la nouvelle alliance. Cette ivresse conduit le Seigneur à nous purifier (Jésus chasse les vendeurs du Temple – versets 13 à 22) pour que nous puissions avancer car *« il connaissait, lui, ce qu'il y a dans l'homme »* (versets 23 à 25).

---

[92] Actes des Apôtres 2, 12-41.

C. L'accueil de la nouvelle alliance mène à la nouvelle naissance (chapitre 3)

Nous arrivons au grand dialogue de Jésus avec Nicodème. Pédagogiquement, le Seigneur demande à ce que Nicodème ravive sa force rationnelle et spirituelle afin d'accueillir la vérité qu'il veut lui révéler :

> « *Tu es docteur en Israël, et tu ne connais pas cela ! En vérité, en vérité je te le dis : c'est ce que nous avons vu que nous témoignons, et notre témoignage, vous ne le recevez pas. Si, lorsque je vous dis les choses de la terre, vous ne croyez pas, comment croirez-vous, si je vous dis les choses du ciel ? ».*

En fait, après avoir vécu l'ivresse de la nouvelle alliance, Jésus ouvre au baptême. Pour participer pleinement à la nouvelle alliance il faut vivre une nouvelle naissance qui est de naître de l'eau et de l'esprit. C'est la deuxième étape importante dans la progression vers la réalité du disciple bien-aimé.

Dans la démarche missionnaire, il arrive que l'évangélisateur puisse avoir le même dialogue avec la personne à qui il annonce la Bonne Nouvelle : « Dieu t'aime ! Et tu es appelé à renaître de nouveau » « *Comment un homme peut-il naître, quand il est vieux ? Peut-il entrer une seconde fois dans le ventre de sa mère et renaître ?* » C'est peu à peu, dans le dialogue à la suite de Jésus, qu'on en arrive à dire comme le Seigneur qui, dans son enseignement, introduit son interlocuteur au cœur de l'annonce :

> « *Dieu en effet a tant aimé le monde qu'il a donné son Fils, l'Unique, pour que tout homme qui croit en lui ne périsse pas, mais qu'il ait la vie éternelle. Car Dieu n'a pas envoyé son Fils dans le monde pour juger le monde, mais pour que le monde soit sauvé par lui ».*

Le grand enseignement que nous laisse ce chapitre, c'est que dans la mission, il faut oser annoncer la vérité de la Bonne Nouvelle même si cela peut laisser l'auditeur perplexe. La vérité fait toujours son chemin, Nicodème en est un merveilleux exemple. En effet, on ne sait pas comment Nicodème a pu vivre après cet entretien nocturne. Mais nous le retrouverons, avec Joseph d'Arimathie, pour donner un dernier hommage à Jésus en participant à l'ensevelissement du Christ[93].

D. Tout le monde est appelé : la Samaritaine (chapitre 4)

Nicodème est un Pharisien, chef des Juifs[94]. Ce cheminement qu'il va faire est dû à une rencontre personnelle avec Jésus. Est-ce réservé à quelques personnes ? Est-ce seulement pour une élite ? La réponse est évidemment : NON. Mais chacun aura son itinéraire.

Le chapitre 4, dans l'épisode de la Samaritaine auprès du puits de Jacob en est bel exemple. Qui sont les Samaritains ? Ce sont les descendants du Royaume du Nord dont la capitale, Samarie, fondée par Omri vers 880[95], a donné son nom à région environnante. « Après la déportation de 722, sa population est un mélange de races », ce que les Juifs de Jérusalem ne peuvent accepter. C'est pourquoi, l'attitude de Jésus, que nous allons voir dans ce chapitre, est tout à fait étonnante[96].

Ce n'est pas le lieu d'étudier tout l'entretien entre Jésus et la Samaritaine. Ce dialogue est un véritable cheminement qui conduit à l'expression d'une

---

93 Cf Jean 19, 38-42.
94 Cf Jean 3, 1.
95 Cf Premier livre des Rois 16, 24.
96 Cf Xavier Léon-Dufour, *Dictionnaire du Nouveau Testament*, Seuil, Livre de vie n° 131, 1978, article *Samarie-Samarirains*.

intériorité, expression de la foi. C'est ainsi que, pédagogiquement, nous arrivons à ces versets qui sont essentiels :

« Nos pères ont adoré sur cette montagne, et vous dites, vous, que c'est à Jérusalem qu'est le Lieu où il faut adorer ».

Que répond Jésus ?

«Crois-moi, femme, elle vient, l'heure où ce n'est ni sur cette montagne ni à Jérusalem que vous adorerez le Père. Vous adorez, vous, ce que vous ne connaissez pas ; nous adorons, nous, ce que nous connaissons, parce que le Salut vient des Juifs. Mais elle vient l'heure – et c'est maintenant ! – où les véritables adorateurs adoreront le Père en esprit et en vérité ; tels sont, en effet, les adorateurs que cherchent le Père ».

Cette réponse de Jésus est pleine d'enseignements. Relevons deux choses importantes pour notre réflexion sur le cheminement vers la réalité du disciple bien-aimé.

1. Jésus donne la véritable mission du Peuple Juif au cœur du dessein de Dieu : il est le Peuple par lequel le salut est apporté aux nations. Aussi, pour aller à l'universalité des peuples, dont les Samaritains font partie, Dieu a voulu passer par ce Peuple particulier qu'il a élu.

2. Jésus ouvre à la finalité qu'est l'adoration du Père en esprit et vérité. Cette réalité dépasse toutes les cultures, et même, elle est source d'accomplissement des cultures. C'est en avançant avec confiance vers ce terme que nous pouvons dépasser les frontières des antagonismes et ainsi aller annoncer la Bonne Nouvelle de la rencontre avec Jésus.

« Venez voir un homme qui m'a dit tout ce que j'ai fait. Ne serait-il pas le Christ ? » L'expérience de Jésus conduit de fait à aller chercher les autres afin qu'ils fassent eux aussi cette rencontre. Aussi l'épisode se termine par cette

merveilleuse profession de foi : *« Ce n'est plus à cause de tes dires que nous croyons ; nous avons entendu nous-mêmes et nous savons qu'il est le Sauveur du monde »*. Les Samaritains reconnaissent Jésus.

Entre temps, Jésus a cherché à faire comprendre à ses disciples que sa mission est d'accomplir la volonté du Père en étant le moissonneur qui va engranger pour la vie éternelle. N'est-ce pas cela l'annonce de l'Évangile qui fait peu à peu de l'homme un disciple bien-aimé ? Mais faisons une étape supplémentaire.

E. L'œuvre du Père et du Fils (Chapitre 5)

Le chapitre 5 du quatrième évangile, après avoir raconté la guérison du paralytique à la piscine de Bézatha rappelant ainsi la grâce baptismale qui vient changer la vie de tout homme, nous conduit à considérer l'œuvre du Fils qui accomplit l'œuvre du Père. Nous sommes en quelque sorte introduits dans le mystère de la Sainte Trinité. D'ailleurs les auditeurs Juifs ne peuvent pas accepter et, par leur désir de tuer Jésus, ils témoignent qu'ils ont saisi où le Seigneur veut en venir.

> *« Voilà donc pourquoi les Juifs n'en cherchaient que plus à le tuer : parce que non seulement il violait le sabbat, mais il appelait encore Dieu son propre Père, se faisant l'égal de Dieu ».*

Ce chapitre est capital pour entrer dans une catéchèse sur la Trinité Sainte. En effet, le Fils, en agissant lui-même vient nous révéler l'œuvre du Père et leur unité d'action :

> « *En vérité, en vérité je vous le dis : le Fils ne peut rien faire de lui-même, mais seulement ce qu'il voit faire au Père, car ce que fait Celui-là, le Fils le fait pareillement. Le Père en effet aime le Fils et il lui montre tout ce qu'il fait ; et il lui montrera des œuvres plus grandes que celles-ci, pour que vous soyez étonnés* ».

Le cheminement pour devenir le disciple bien-aimé fait entrer peu à peu dans le mystère de Dieu lui-même, et cela grâce à une rencontre de l'homme avec Dieu par le Fils, Verbe de Dieu qui a pris chair et qui rend témoignage.

> « *Pour moi, le témoignage que j'ai est plus grand que celui de Jean : les œuvres que le Père m'a données pour que je les accomplisse, ces œuvres mêmes témoignent à mon sujet que c'est le Père qui m'a envoyé* ».

Si la révélation du mystère de Dieu s'accomplit dans les œuvres du Fils qui sont en quelque sorte le développement de la volonté éternelle du Père au travers de la réalité du temps, Jésus annonce que l'annonce passe également par l'Écriture Sainte que ses auditeurs scrutent et sont appelés à accueillir dans la Foi.

> « *Vous scrutez les Écritures, parce que vous pensez, vous, qu'en elles vous avez la vie éternelle ; et ce sont elles qui témoignent à mon sujet. Et vous ne voulez pas venir à moi pour avoir la vie. (…) Si vous croyiez Moïse, en effet, vous me croiriez aussi ; car c'est de moi qu'il a écrit. Mais si vous ne croyez pas ses écrits, comment croirez-vous mes paroles ?* ».

Saint Jean nous donne ici la manifestation de l'unique dépôt sacré (Ecriture et Tradition) qui constitue le fait « que Dieu se fait connaître dans le dialogue qu'il désire instaurer avec nous »[97] afin d'entrer en communion avec l'homme et de lui

---

[97] Benoît XVI, *Exhortation Apostolique Verbum Domini sur la Parole de Dieu dans la vie et la mission de l'Église*, 30 septembre 2010, n° 6.

donner la vie nouvelle et éternelle par la révélation du mystère intime de Dieu Trinité.

F. Eucharistie : Mystère de vie (Chapitre 6)

« Après cela, Jésus s'en alla de l'autre côté de la mer de Galilée, de Tibériade. Une foule nombreuse le suivait, parce qu'on voyait les signes qu'il faisait sur ceux qui étaient malades ».

Ce qui attire la foule, ce sont les guérisons, les œuvres de miséricorde accomplies par le Seigneur. Cette sollicitude de Jésus va s'exprimer une fois de plus, mais de telle manière que le Christ puisse conduire la foule jusqu'au sens profond, jusqu'à la réalité spirituelle qui est portée par ce qu'il accomplit. Nous sommes comme à un point charnière du cheminement pour devenir disciple bien-aimé. Alors que nous approchons de la Pâque, tout se passe en quatre étapes importantes :

1. Multiplication des pains (versets 5-15)
2. Jésus marche sur la mer (versets 16-21)
3. Discours sur le pain de vie dans la synagogue de Capharnaüm (versets 22-59)
4. Profession de foi de Pierre (versets 60-71)

Reprenons brièvement chacune de ses étapes.

Dans la multiplication des pains, Jésus met à l'épreuve ses disciples. En quelque sorte, il teste leur foi : *« Jésus dit à Philippe : "Comment achèterions-nous des pains pour que ces gens aient à manger ?" Il disait cela pour le mettre à l'épreuve, car il savait, lui, ce qu'il allait faire ».* En même temps, le Seigneur accomplit les paroles du psaume 23(22) se révélant ainsi comme étant le berger de son Peuple[98]. C'est avec peu de chose apportée par un jeune garçon que toute la foule va être nourrie. Oui, mais ce peu de chose passe par les mains de Jésus qui rend grâce et distribue à la foule assise sur l'herbe montrant ainsi que la grâce de Dieu est surabondante puisque les disciples remplirent *« douze couffins avec les cinq pains d'orge qui étaient restés après qu'ils eurent mangé ».*

Dans la deuxième étape, nous voyons Jésus marcher sur la mer. Le symbolisme religieux de la mer est important dans l'Écriture Sainte. « La mer reste le lieu démoniaque où vont se précipiter les porcs ensorcelés. Déchaînée, elle continue d'épouvanter les hommes ; mais Jésus manifeste en face d'elle la puissance divine qui triomphe des éléments »[99]. Aussi en marchant sur la mer qui cherche à submerger la barque dans laquelle se trouvent les disciples, Jésus révèle qu'il est vainqueur du mal, c'est pourquoi on ne peut avoir peur.

« Ils allaient donc le prendre dans le bateau, mais aussitôt le bateau toucha terre au lieu où ils allaient ».

La barque de l'Église est ballotée par l'esprit du monde, mais Jésus la conduit jusqu'au rivage de la vie éternelle.

La troisième étape invite les apôtres à faire un pas supplémentaire. Dans son magnifique discours sur le pain de vie, que nous ne pouvons étudier dans le cadre de ses pages, Jésus part de l'expérience de la multiplication des pains pour les conduire à la réalité du pain qu'est la chair du Fils de l'homme. Très pédagogiquement Jésus conduit ses auditeurs par l'événement de l'Exode au cours

---

98 *« Yahvé est mon berger : je ne manque de rien. En des prés d'herbe tendre il me parque, vers les eaux du repos il me mène »* Psaume 23(22), 1-2.
99 *Vocabulaire de Théologie Biblique*, Cerf, 1981, col. 742.

duquel le Peuple d'Israël reçoit la manne venue du ciel. Cette nourriture préfigure celle du pain de vie qu'est Jésus.

> « Moi, je suis le pain, le [pain] vivant descendu du ciel ; si quelqu'un mange de ce pain, il vivra à jamais ; et le pain que moi je donnerai, c'est ma chair, pour la vie du monde ».

> « Tel est le pain descendu du ciel. Il n'est pas comme celui qu'ont mangé les pères et ils sont morts ; celui qui consomme ce pain vivra à jamais. »

En d'autres termes, dans le cheminement que nous sommes appelés à faire d'une manière inlassablement renouvelée pour devenir disciple bien-aimé, Jésus se donne comme pain de vie. Il est la nourriture nécessaire tout au long de notre existence pour aller vers la vie éternelle.

> « Ce que l'aliment matériel produit dans notre vie corporelle, la communion le réalise de façon admirable dans notre vie spirituelle. La communion à la Chair du Christ ressuscité, " vivifiée par l'Esprit Saint et vivifiante " (PO 5), conserve, accroît et renouvelle la vie de grâce reçue au Baptême. Cette croissance de la vie chrétienne a besoin d'être nourrie par la communion eucharistique, pain de notre pèlerinage, jusqu'au moment de la mort, où il nous sera donné comme viatique »[100].

A ce don, le fidèle est appelé à répondre dans la foi. C'est la quatrième étape. *« Seigneur, vers qui irions-nous ? Tu as les paroles de la vie éternelle. Pour nous, nous avons cru et nous avons connu que c'est toi, le Saint de Dieu »*. Dans la foi, le disciple est conduit à la réalité spirituelle portée par la réalité matérielle. C'est la réalité sacramentelle qui est ici manifestée. La raison humaine s'agenouille humblement devant la réalité de foi qu'elle ne peut pleinement appréhender. Ainsi la connaissance par la foi et la connaissance par la raison s'éclairent mutuellement

---

100 *Catéchisme de l'Église Catholique*, n° 1392.

dans les domaines qui leur sont propres et qui permettent à l'homme d'avancer sur le chemin de la vérité. C'est pourquoi, le disciple bien-aimé est appelé à se laisser éclairer par la révélation pour aller jusqu'au mystère de la vie éternelle apportée par le Seigneur.

G. La révélation du Messie (chapitres 7 à 12)

Don de la grâce de Dieu, souvent après un cheminement comme nous avons pu le voir en traversant les six premiers chapitres du quatrième évangile, la foi est un acte humain qui donne à la personne d'accueillir le mystère de Dieu.

> « La foi est d'abord une *adhésion personnelle* de l'homme *à Dieu* ; elle est en même temps, et inséparablement, *l'assentiment libre à toute la vérité que Dieu a révélé* »[101].

Le disciple entre dans un accueil du mystère du Christ, du mystère de sa vie. Il le fait en l'écoutant, en le contemplant, en le voyant agir. Aussi, comme autant de rayons qui émanent de la personne du Verbe Incarné, les chapitres, qui s'ouvrent devant nous, nous conduisent dans une connaissance de Jésus. L'Évangile nous donne de toucher la personne de Jésus. Dans la démarche missionnaire, c'est le Christ que nous annonçons. Dans l'évangélisation, notre mission est de conduire celui qui entend et reçoit *« les paroles de la vie éternelle »* jusqu'à connaître le mystère de la personne du Seigneur afin de l'accueillir et le laisser transfigurer sa vie.

En traversant ces chapitres, nous retrouverons des thèmes déjà évoqués dans le Prologue du quatrième évangile et que l'auteur développe maintenant.

---

[101] *Catéchisme de l'Église Catholique*, n° 150.

Devenir Disciple bien-aimé

« Vous me connaissez et savez d'où je suis ! Et ce n'est pas de moi-même que je suis venu ; mais il est véridique, Celui qui m'a envoyé, et vous, vous ne le connaissez pas. Moi je le connais, parce que je viens d'auprès de lui, et que c'est lui qui m'a envoyé ».

Jésus affirme qu'il a été envoyé par Dieu et qu'il le connaît. Cette annonce donne toute la force de son enseignement qui ne vient pas de lui-même mais de Celui qui l'a envoyé, et qui prend sa source dans les Écritures[102]. La relation de communion entre Dieu et le Verbe incarné est ainsi manifestée avec force par le Christ lui-même.

Au chapitre 8, traversant différentes controverses, Jésus témoigne de la miséricorde tout en ouvrant à l'exigence de la vérité vécue d'une manière cohérente.

« Que celui d'entre vous qui est sans péché lui jette la première pierre. » (...) « Moi non plus, je ne te condamne pas. Va ; désormais ne pèche plus ».

Jésus conduit ainsi à la libération de l'homme et révèle en profondeur le mystère de son être : Il est Dieu. C'est d'ailleurs ce que comprennent ses auditeurs qui veulent le lapider.

« "En vérité, en vérité je vous le dis : Avant qu'Abraham parût, Moi Je Suis". Ils prirent donc des pierres pour les lui jeter, mais Jésus se déroba et sortit du Temple. »

Le chapitre 9 rapporte la confession de foi de l'aveugle-né. Cet événement se situe au travers d'une progression qui peut se définir ainsi :

1. Présentation des faits (versets 1 à 12)

---

[102] Jean 7, 28-29 ; cf 7, 16, 22-24, 27, 37-38.

2. Le procès institué par les pharisiens qui interrogent non seulement l'aveugle mais également ses parents (versets 13 à 23)
3. Le double jugement : celui des pharisiens par rapport à Jésus et à l'aveugle (versets 24 à 34) et celui de Jésus qui révèle le véritable jugement (versets 35 à 41).

L'enseignement qui nous est donné est celui du passage du fait de ne pas voir la réalité de la vision signifiant le passage de la non-foi à l'acte de foi. « *Je crois, Seigneur* », dira l'aveugle guéri en se prosternant témoignant ainsi de la reconnaissance de la divinité de Jésus. Cette proclamation de foi n'est pas sans rappeler celle de Pierre au nom des Douze. Le salut apporté par Jésus est pour tous et ouvre à la lumière tous ceux qui veulent bien l'accueillir. Le Verbe est le juste juge. Il est la lumière de la conscience de l'homme qui lui permet de choisir d'une manière responsable le bien et de refuser le mal.

> « *Jésus dit : "C'est pour un jugement que moi je suis venu en ce monde : pour que ceux qui ne voient pas voient, et que ceux qui voient deviennent aveugles." des Pharisiens qui étaient avec lui entendirent cela et lui dirent : "Est-ce que nous aussi, nous serions aveugles ?" Jésus leur dit : "Si vous étiez aveugles, vous n'auriez pas de péché ; mais maintenant, parce que vous dites : Nous voyons, votre péché demeure".* »[103]

Puis Jésus se révèle comme étant le Bon Pasteur (chapitre 10). Il est celui qui conduit au salut et veille sur ceux que le Père lui a confiés. Et il annonce que cette mission donnée par le Père s'accomplit par le don de sa vie. En d'autres

---

[103] Jean 9, 39-41.

termes, Jésus annonce le mystère pascal qu'il va vivre librement[104] pour donner à l'homme de vivre.

« Moi, je suis venu pour qu'on ait la vie, et qu'on l'ait surabondante »[105].

L'épisode de Lazare (chapitre 11) en est l'illustration merveilleuse. Croire en Jésus c'est accueillir la vie éternelle qu'il nous donne.

« Moi, je suis la Résurrection et la Vie, et quiconque vit et croit en moi, fût-il mort, vivra, et quiconque vit et croit en moi ne mourra jamais »[106].

Ainsi que l'enseignement sur le Pain de Vie nous le disait, le Messie est vraiment celui qui donne la vie au-delà de la mort, le Bon Pasteur qui conduit la vie éternelle !

L'heure de Jésus approche. La vie publique du Seigneur arrive à son accomplissement. C'est bientôt l'heure de la glorification, l'heure du Fils de l'homme, l'heure du disciple bien-aimé.

La dernière étape de notre cheminement, de l'accueil de la révélation du Messie se déroule à Béthanie avant l'entrée triomphale de Jésus à Jérusalem.

« Marie prenant une livre de parfum de vrai nard d'un grand prix, oignit les pieds de Jésus et lui essuya les pieds avec les cheveux ; et la maison fut remplie de l'odeur du parfum ».

Cette onction par Marie, la sœur de Marthe, nous annonce que Jésus est véritablement le Christ. Il est Celui qui a reçu l'Onction, c'est véritablement le Messie. Mais, Jésus lui-même donne un autre sens à cette onction : *« Laisse-la*

---

104 *« Voilà pourquoi le Père m'aime : parce que moi je livre ma vie pour la reprendre. Personne ne me l'enlève, mais moi, je la livre de moi-même. J'ai le pouvoir de la livrer et j'ai pouvoir de la reprendre : tel est le commandement que j'ai reçu de mon Père »* Jean 10, 17-18.
105 Jean 10, 10.
106 Jean 11, 25.

garder ce [parfum] pour le jour de ma sépulture ». Le Messie, qui va entrer triomphalement à Jérusalem, est un Messie souffrant dont la mort, due à l'incrédulité, est la condition de l'accomplissement de sa mission.

«Elle est venue, l'heure où doit être glorifié le Fils de l'homme ! En vérité, en vérité je vous le dis : Si le grain de blé tombé en terre ne meurt pas, il reste seul ; mais s'il meurt, il porte beaucoup de fruit »

« Moi, lumière, je suis venu dans le monde pour que quiconque croit en moi ne demeure pas dans les ténèbres. Et si quelqu'un entend mes paroles et ne les observe pas, ce n'est pas moi qui le juge ; car je ne suis pas venu pour juger le monde, mais pour sauver le monde »[107].

Jésus accomplit la volonté du Père. Il ouvre l'homme à la lumière de la vie éternelle, lui donnant ainsi de partager sa Gloire.

H.   Reprise du cheminement

« Et regardant Jésus qui passait, il (Jean-Baptiste) dit : "Voici l'Agneau de Dieu." Et les deux disciples l'entendirent parler, et ils suivirent Jésus Mais, se retournant et les voyant qui le suivaient, Jésus leur dit : "Que cherchez-vous ?" Ils lui dirent : "Rabbi (mot qui veut dire : Maître), où demeures-tu ?" Il leur dit : "Venez et vous verrez." Ils vinrent donc et virent où il demeurait, et ils demeurèrent chez lui ce jour-là ; c'était environ la dixième heure »[108].

---

107 Jean 12, 3.7.23-24.46-47.
108 Jean 1, 36-39.

Devenir Disciple bien-aimé

Dans ces pages, nous avons vécu la même expérience que celle des deux disciples de Jean-Baptiste. En traversant à très grands pas tous ces chapitres, nous avons gardé à l'esprit cette notion de progression vers l'heure de Jésus, ce qui nous a donné d'accueillir le mystère de la personne du Verbe Incarné. Certes, ne pouvant développer dans le cadre de cet ouvrage, nous avons simplement ouvert quelques portes d'entrée, nous avons donné quelques clés pour permettre à l'homme de devenir disciple bien-aimé en avançant avec le Seigneur vers son heure.

La lecture de ces douze premiers chapitres de l'évangile selon saint Jean nous permet de définir une progression dans la démarche missionnaire. Certes, cette avancée sera particulière pour celui qui accueille l'Évangile mais également pour l'évangélisateur qui n'aura jamais fini de vivre de l'Évangile et donc de s'approcher du Christ. Bien évidemment, pour présenter ces différentes étapes, il nous faudra faire des distinctions en considérant différents éléments. Dans la réalité des faits cela ne se passera pas d'une manière aussi précise. Mais ce qui nous importe c'est de penser que tous ces éléments sont nécessaires pour œuvrer d'une manière profonde et réelle à l'annonce de la Bonne Nouvelle afin que tout homme devienne disciple bien-aimé.

1. **Dépasser un apriori** : Dans la démarche missionnaire, il peut y avoir le danger de ne pas oser y aller parce qu'on se dit que de toute façon ça ne marchera pas. L'évangile de saint Jean nous montre que la rencontre avec Jésus était possible même si elle demande de faire des efforts pour la vivre.

2. **Avoir une certitude** : Le missionnaire doit être certain que la rencontre avec la personne du Christ donne un sens et de la saveur à la vie. On entend parfois : « Il y a des gens non croyants qui sont plus chrétiens que les chrétiens eux-mêmes ! » Cette affirmation est l'expression d'une erreur bien répandue sur la réalité de la foi chrétienne en l'enfermant dans

une morale. Or, « À l'origine du fait d'être chrétien, il n'y a pas une décision éthique ou une grande idée, mais la rencontre avec un événement, avec une Personne, qui donne à la vie un nouvel horizon et par là son orientation décisive. »[109] Ne l'oublions jamais !

3. **La grâce baptismale** : Le missionnaire est invité à approfondir ce qu'il a reçu au jour de son baptême : il est né de Dieu. Si dans la mission, il doit aider les hommes à redécouvrir ce qu'ils sont et ce qu'ils ont reçu, il est appelé aussi à conduire vers la joie de la nouvelle naissance. Certes, dans la mission, on peut avoir la tentation d'aller en premier lieu vers les baptisés pour leur donner de vivre en disciple, n'oublions pas aussi que tout homme est appelé ainsi que l'épisode de la Samaritaine nous l'a montré.

4. **Une démarche pédagogique** : Il y a une double réalité dans la démarche missionnaire conduisant à devenir disciple bien-aimé.

Tout d'abord, il s'agit de permettre à celui qui reçoit l'annonce de la Bonne Nouvelle d'avoir un autre regard sur l'histoire du monde en considérant que l'histoire est non seulement celle des hommes mais qu'elle est également guidée par la Providence divine. Cela s'exprime d'une manière particulière dans l'histoire des nations mais surtout au cœur de l'histoire de l'Église et particulièrement dans nos propres histoires personnelles. L'évangélisation demande que nous osions témoigner de l'œuvre du Fils qui accomplit l'œuvre du Père dans nos vies. Sachons le reconnaître pour pouvoir l'annoncer. Dieu est à l'œuvre encore aujourd'hui et ce qu'il a accompli par le Christ, il veut l'accomplir par nous. *« En vérité, en vérité je vous le dis : Celui qui croit en moi fera, lui aussi, les œuvres que moi je fais, et il en fera de plus grandes, parce que*

---

[109] Benoît XVI, Encyclique *Deus Caritas Est*, 25 décembre 2005, n° 1.

moi je vais vers le Père, et tout ce que vous demanderez en mon Nom, je le ferai, pour que le Père soit glorifié dans le Fils »[110]. Ainsi, l'histoire de l'humanité deviendra toujours plus l'histoire du salut.

Le deuxième élément pédagogique est l'importance de la nourriture qui conduit à la vie éternelle. Certes nous ne pourrons pas emmener tout de suite l'évangélisé dans la grande assemblée de l'Eucharistie dominicale mais par l'annonce de l'importance du Corps du Christ comme nourriture pour la vie éternelle il est essentiel de l'accompagner étape par étape afin de le conduire jusqu'à la table du Seigneur. D'ailleurs l'évangélisateur est appelé à en faire l'expérience dans sa propre vie tant par la participation assidue à l'Eucharistie que dans les temps d'adoration.

Ces deux éléments, dans la pédagogie du cheminement missionnaire, sont une ouverture à l'acte de foi en la personne du Christ qui a *« les Paroles de la vie éternelle »* !

5. **Mystère du Christ** : Quelque soit l'itinéraire utilisé pour mettre en œuvre un projet missionnaire, la finalité est toujours la même : la communion avec le Christ qui est le chemin nous menant vers le Père. Aussi, il est fondamental d'aider tout homme à accueillir humblement le Seigneur tel qu'il est non tel que nous voudrions qu'il soit. Il ne s'agit pas de se faire une construction intellectuelle de la personne du Christ mais de le rencontrer en vérité. Le disciple bien-aimé est celui qui pourra dire en toute vérité : « Je te reconnais et te reçois tel que tu es, Seigneur, et je me donne à toi ». C'est vers cela que toute mission doit tendre car c'est dans cette communion que l'heure de Jésus et l'heure du disciple bien-aimé coïncident.

---

110 Jean 14, 12-13.

Le disciple bien-aimé (Jn 13 – 21)

> « *Avant la fête de la Pâque, sachant qu'était venue son heure de passer de ce monde à son Père, Jésus, ayant aimé les siens qui étaient dans le monde, les aima jusqu'à la fin* »[111].

Il y a dans cette ouverture du chapitre 13 à la fois une rupture dans le rythme du récit et une dimension très solennelle. Nous sommes arrivés à l'Heure de Jésus.

> « L'"heure" de Jésus est l'heure du grand "pas au-delà", celle de la transformation, et cette métamorphose de l'être s'opère à travers l'*agapè*. C'est une *agapè* "jusqu'à la fin" -expression par laquelle Jean, à ce moment-là, renvoie par avance à la dernière parole du Crucifié : "C'est achevé - *tetélestai*" (19,30). Cette fin (*télos*), cette totalité du don, de la métamorphose de l'être tout entier c'est, justement, se donner soi-même jusqu'à la mort »[112].

Il se trouve que cette heure est aussi celle du disciple bien-aimé qui apparaît quelques versets plus loin lors de l'annonce de la trahison juste après le lavement des pieds au moment du dernier repas de Jésus.

Après avoir parcouru à grandes enjambés les douze premiers chapitres du quatrième évangile, nous allons nous arrêter à la présence du disciple bien-aimé qui nous accueille dans cette deuxième partie de l'évangile. En nous arrêtant à la double expression « disciple bien-aimé » et « disciple que Jésus aimait », en

---

111 Jean 13, 1
112 Joseph Ratzinger-Benoît XVI, *op.cit.*, p. 75.

regardant les emplois des termes grecs pour parler de l'amour, en considérant les moments de l'évangile où ces expressions apparaissent, nous allons découvrir ce qui fait l'essentiel du disciple du Verbe Incarné que tout baptisé est appelé à devenir toujours plus.

A. Deux mots grecs

Prenant sa source en Dieu qui est Amour éternel, l'amour est une réalité unique qui se manifeste dans des facettes différentes. Afin de les exprimer, le grec emploie plusieurs mots : *eros, philia, agapè*. Dans les expressions qui nous intéressent seuls deux mots sont employés sous leur forme verbale : *philia* (20, 2) et *agapè* (13, 23 ; 19, 26 ; 21, 7.20).

Philia manifeste l'amour d'amitié que Jésus établit dans le rapport avec ses disciples. C'est un amour qui met en quelque sorte les aimants sur le même pied d'égalité.

Agapè exprime la réalité de l'amour qui conduit au don de soi jusqu'au bout. « En opposition à l'amour indéterminé et encore en recherche, ce terme exprime l'expérience de l'amour, qui devient alors une véritable découverte de l'autre, dépassant donc le caractère égoïste qui dominait clairement auparavant. L'amour devient maintenant soin de l'autre et pour l'autre. Il ne se cherche plus lui-même – l'immersion dans l'ivresse du bonheur – il cherche au contraire le bien de l'être aimé : il devient renoncement, il est prêt au sacrifice, il le recherche même »[113]. C'est de cet amour (*agapè*) que doivent s'aimer les disciples ainsi que nous

---

[113] Benoît XVI, Encyclique *Deux Caritas est*, 25 décembre 2005, n° 6.

rapporte le commandement nouveau et c'est cet amour (agapè) qui est par nature missionnaire.

> « *Je vous donne un commandement nouveau : que vous vous aimiez les uns les autres ; comme je vous ai aimés, que vous aussi vous vous aimiez les uns les autres. En cela tous connaîtront que vous êtes mes disciples : si vous avez de l'amour les uns pour les autres* »[114].

Le disciple sera pleinement « disciple que Jésus aimait » s'il met dans sa vie un amour qui ira jusqu'au don de lui-même à la suite du Christ et comme le Christ, devenant ainsi apôtre, envoyé, c'est-à-dire missionnaire. L'amour (*agapè*) n'est pas une option pour le disciple mais il est le cœur de sa vie.

B. Les quatre premiers lieux : une manifestation

Le premier lieu où nous entendons parler du disciple bien-aimé, c'est dans la chambre haute. Jésus est à table avec ses disciples, il vient de leur laver les pieds et de leur demander de faire de même afin d'entrer dans la béatitude.

> « *Si donc je vous ai lavé les pieds, moi, le Seigneur et le Maître, vous devez, vous aussi, vous laver les pieds les uns aux autres. Car c'est un exemple que je vous ai donné, pour que, comme moi je vous ai fait, vous fassiez vous aussi. (...) Sachant cela, heureux êtes-vous si vous le faites !* ».

Et puis voilà que Jésus annonce le fait de la trahison par l'un d'entre eux. Les disciples sont interloqués et s'interrogent mutuellement.

---

114 Jean 13, 34-35.

Devenir Disciple bien-aimé

« *A table, tout contre le sein de Jésus, se trouvait un de ses disciples, celui que Jésus préférait. Simon-Pierre lui fait donc signe et lui dit : "Demande qui est celui dont il parle ?" Celui-ci, se renversant à même la poitrine de Jésus, lui dit : "Seigneur qui est-ce ?"* »[115]. Et Jésus de répondre en donnant une bouchée à Judas, fils de Simon l'Iscariote.

La tradition picturale a représenté cette scène en montrant vraiment le disciple la tête appuyée tout contre la poitrine de Jésus. Le disciple bien-aimé est véritablement celui qui, se penchant vers le Seigneur, entend battre son cœur. Cela lui donne l'audace de demander des explications au Maître. Il est dans une intimité profonde avec le Christ puisqu'il entre dans une connaissance des mystères de son Cœur.

Entre ce premier lieu et la deuxième mention du disciple aimé par le Seigneur, il y a tout le grand discours d'adieu au moment de la dernière Cène (chapitres 14, 15 et 16).

« Tout respire dans ces Chapitres la tension du départ prochain : elle naît de l'émotion des Apôtres, elle les unit autour de leur Maître et c'est ce qui permettra à Jésus de donner à sa dernière volonté un caractère tout autre que celui d'une simple leçon : il s'agit bien d'un "testament", et ce "testament" consiste dans le précepte de la charité »[116], c'est-à-dire de l'*agapè*.

Puis la prière de Jésus (chapitre 17) nous introduit pleinement dans son lien d'intimité avec le Père, avant d'être plongé dans le drame de la Passion. Et c'est au cœur de cette tragédie, au pied de la Croix, entouré de femmes, que nous retrouvons le disciple bien-aimé.

---

115 Jean 13, 14-17 ; 23-25.
116 Cardinal Garrone, *La communion fraternelle – La dernière volonté du Seigneur*, Editions SOS, 1985, p. 12.

> « *Jésus donc, voyant sa mère et, près d'elle, le disciple qu'il préférait, dit à sa mère : "Femme, voilà ton fils." Ensuite il dit au disciple : "Voilà ta mère." Et, dès cette heure-là, le disciple la prit chez lui* »[117].

Après avoir connu le mystère du cœur du Christ, il reçoit de lui son plus précieux cadeau : sa Mère. Le fils unique mourant veille sur sa mère qui va rester seule et le disciple perdant son Maître retrouve un foyer. A travers ce geste très humain l'évangéliste veut nous dire quelque chose.

> « Tout comme Marie, la femme, le disciple bien-aimé est lui aussi une figure concrète en même temps qu'un modèle du disciple qui existera toujours et qui doit exister. Au disciple, à celui qui est vraiment disciple dans la communion d'amour avec le Seigneur, la femme est confiée : Marie, l'Église.
>
> La parole de Jésus sur la Croix reste ouverte à de nombreuses réalisations concrètes. Elle ne cesse jamais d'être adressée aussi bien à la mère qu'au disciple et à chacun est confiée la mission de la mettre en œuvre dans sa vie personnelle, tel que cela est prévu dans le dessein du Seigneur. Sans cesse, il est demandé au disciple d'accueillir dans son existence personnelle Marie, comme personne et comme Église et d'accomplir ainsi la dernière volonté de Jésus »[118].

Les deux rencontres suivantes avec le disciple bien-aimé nous projettent après la résurrection du Seigneur. Il est bon de les considérer ensemble car dans les deux cas le disciple se retrouve avec Simon-Pierre :

1. C'est ensemble qu'ils entendent Marie la Magdaléenne dire « *On a enlevé le Seigneur du tombeau, et nous ne savons pas où on l'a mis* »

---

117 Jean 19, 26-27.
118 Joseph Ratzinger – Benoît XVI, *op. cit.*, p. 253-254.

Devenir Disciple bien-aimé

2. Ils sont ensemble dans la barque tandis que Jésus au bord du lac leur demande du poisson. C'est alors que le disciple bien-aimé reconnaît le Ressuscité[119].

Le disciple qui a accueilli comme son bien propre Marie, l'Église, par la volonté du Seigneur sur la Croix, est appelé à vivre la dimension incarnée de l'Église manifestée par la personne de Simon-Pierre. En effet, « le Christ n'a pas fondé l'Église dans le vide mais dans la foi de ses disciples, une foi en croissance et déjà en quelque sorte adulte dans la *confession de Pierre*. "Seigneur, à qui irions-nous ? Tu as les paroles de la vie éternelle. Nous croyons, nous, et nous savons que tu es le Saint de Dieu" (Jn 6, 68-69). Une foi qui sait, et qui sait déjà dire ce qu'elle sait »[120]. Le disciple du Christ est appelé à vraiment homme de l'Église dont il accueille la foi et pour laquelle il est prêt à faire des efforts mettant ses charismes au service de la communion ecclésiale.

Il convient de remarquer que dans ces deux moments, il est également question de l'acte de foi vécu comme un accomplissement conduisant à une reconnaissance explicite du Ressuscité. Tout d'abord, alors que le disciple bien-aimé entre dans le tombeau, l'évangéliste dit d'une manière lapidaire : *« Il vit et il crut »*[121]. Nous sommes vraiment à la réalisation plénière de l'invitation originelle du Seigneur : *« Rabbi (mot qui veut dire : Maître), où demeures-tu ? » « Venez et vous verrez »*[122]. Puis, dans la barque, alors que sur la parole d'un inconnu se trouvant au bord du lac les disciples jettent les filets et font une pêche miraculeuse, le disciple bien-aimé identifie l'homme au bord du lac comme étant le Seigneur ressuscité et il en témoigne avec force[123].

---

119 Jean 20, 1-10 ; 21, 1-8.
120 Hans Urs von Balthasar, *Qui est l'Église ?*, Parole et Silence, 2000, p. 56.
121 Jean 20, 8.
122 Jean 1, 38-39
123 Jean 21, 7.

C. Le cinquième lieu : un accomplissement

Au terme du quatrième évangile, la présence du disciple bien-aimé est manifestée en deux temps et une fois encore dans un lien étroit avec Simon-Pierre.

De fait, juste après l'événement du bord du lac, un dialogue s'établit en Jésus et Pierre. *« Simon, [fils] de Jean, m'aimes-tu plus que ceux-ci ? »* Par trois fois cette question est posée et par trois fois Pierre répond par l'affirmative. C'est au cœur de la révélation de la Miséricorde du Ressuscité pour celui qui l'a renié trois fois au moment de la passion que Jésus donne l'autorité doctrinale et pastorale à Pierre. *« Fais paître mes brebis »*[124]. De plus, c'est sur ce lien d'intimité avec son Seigneur que se fonde la manière dont Pierre va rendre gloire à Dieu, certainement le martyr, et donc sa vocation de marcher à la suite du Christ jusqu'au bout. *« Suis-moi ! »*[125] lui dit Jésus. Il y a dans cet impératif, la réalisation concrète de l'*agapè* dans la vie de Pierre.

On peut alors penser que tout est dit. C'est à ce moment-là qu'il y a comme un rebondissement. Pierre marche à la suite de Jésus et il se retourne. Au début de l'évangile, c'est Jésus qui se retourne et invite les disciples à venir à sa suite, maintenant, après tout le cheminement vers l'Heure de Jésus, c'est Pierre qui, ayant reçu de Jésus la primauté exerce cet acte d'attention en se retournant et en considérant celui qui marche derrière eux. Il n'en demeure pas moins vrai que Pierre a besoin de la présence du Seigneur pour entrer dans la vérité du sens de cette présence du disciple que Jésus aimait.

---

124 Jean 21, 15-17.
125 Jean 21, 18-19.

Devenir Disciple bien-aimé

« Se retournant, Pierre voit venir à leur suite le disciple que Jésus préférait, celui-là même qui, lors du Dîner, s'était renversé sur sa poitrine et avait dit : "Seigneur, qui est celui qui te livre ?" Pierre donc, le voyant, dit à Jésus : "Et lui, Seigneur ?" Jésus lui dit : "Si je veux qu'il demeure jusqu'à ce que je vienne, que t'importe ? Toi, suis-moi". »

Pierre est celui qui qui est appelé à glorifier Dieu en suivant Jésus jusqu'au bout de l'Amour. Le disciple bien-aimé est celui qui demeure par volonté du Seigneur. Le verbe « demeurer » rappelle la présence des nombreuses demeures de la maison du Père, ainsi que Jésus l'avait annoncé à ses disciples, et l'invitation expresse qui leur est faite de rester pleinement unis au Christ comme les sarments sont unis à la vigne[126]. Aussi « demeurer », c'est vivre dès aujourd'hui de la grâce qui est donnée au disciple par amour (*agapè*). Jaillissant d'une manière insondable de son Cœur, cela fait partie des choses indémontrables qu'a faites Jésus et qu'il continue de faire encore aujourd'hui comme à chaque époque de l'histoire. C'est pourquoi, il importe moins d'en écrire quelque chose que de la vivre afin d'en témoigner au monde de ce temps. C'est cela la vocation du disciple bien-aimé ! Et c'est en cela qu'il marchera lui-aussi à la suite du Christ !

« C'est ce disciple qui témoigne au sujet de ces choses et qui les a écrites, et nous savons que vrai est son témoignage. Il y a encore beaucoup d'autres choses que Jésus a faites ; si on les écrivait une à une, le monde lui-même, je crois ne saurait contenir les livres qu'on en écrirait »[127].

Un dernier élément est à relever dans ce lien entre la personne de Simon-Pierre et du disciple bien-aimé. Il s'agit de considérer la double réalité humaine et divine d'une Église une. En effet, Pierre, qui a reçu la primauté, est appelé à être à la suite de Jésus – réalité de l'espace et du temps – tandis que le disciple bien-aimé

---

126 Cf Jean 14, 2 et 15, 1-8
127 Jean 21, 24-25.

demeure – manifestation d'éternité. Comme on le voit au travers des deux apôtres marchant à la suite du Christ, c'est jusque dans sa visibilité que l'Église se révèle ainsi dans une double dimension d'un Corps organisé et vivant grâce aux charismes de ses membres. « C'est *à l'intérieur d'elle-même, posée d'abord dans son unité infrangible*, c'est donc à l'intérieur du Corps mystique lui-même, qu'il y aurait à discerner les multiples éléments dont elle se compose et les aspects divers sous lesquels il est possible de l'envisager. Car son unité est complexe et sa richesse est variée »[128]. En d'autres termes, il ne s'agit pas de mettre en opposition l'un par rapport à l'autre mais d'entrer d'une manière toujours plus profonde dans la réalité paradoxale de l'Église et donc de la vocation du disciple marchant à la suite du Christ.

Être disciple bien-aimé/Être chrétien

Vivre une progression afin de devenir disciple bien-aimé, c'est la vie chrétienne. Concrètement, il s'agit de cheminer pour être introduit dans l'intimité de Jésus pour en devenir le témoin. Il s'agit de redécouvrir l'alliance nouvelle que Jésus a scellé avec chacun d'entre nous, redécouvrir la nouvelle naissance que nous avons reçu au jour de notre baptême, reprenant tout ce cheminement tout au long de notre vie pour devenir toujours plus disciple bien-aimé que l'on est déjà !

Depuis la grâce de notre baptême, nous avons reçu en plénitude la vie du Royaume de Dieu, ainsi que nous l'a montré la lecture du Prologue de l'évangile de Saint Jean. Ce don tout disciple est appelé à le recevoir toujours plus et à en vivre au cœur de l'Église. La vie chrétienne est une reprise inlassable et toujours

---

[128] Henri de Lubac, *Méditation sur l'Église*, DDB, 1985, p.86s.

plus profonde du cheminement que nous avons fait tout au long du quatrième évangile vers la réalité du disciple bien-aimé dont la présence explicite coïncide avec la manifestation de l'Heure de Jésus.

« Devenir chrétien, cela se réalise dès les temps des apôtres par un cheminement et une initiation à plusieurs étapes. Ce chemin peut être parcouru rapidement ou lentement. Il devra toujours comporter quelques éléments essentiels : l'annonce de la Parole, l'accueil de l'Évangile entraînant une conversion, la profession de foi, le Baptême, l'effusion de l'Esprit Saint, l'accès à la communion eucharistique »[129].

Le Messie vient accomplir pleinement sa mission pour nous et en chacun d'entre nous. Mystère de l'Amour du Dieu pleinement révélé en son Verbe Incarné qui se donne, que nous sommes appelés à accueillir et à recevoir dans la foi pour que nous puissions aimer comme Lui nous a aimés et accomplir les mêmes œuvres que Lui[130]. Ainsi nous en serons témoins au cœur de l'Église et par elle au cœur du monde. C'est cela être chrétien !

« Je suis a jamais crucifié avec Christ ; je vis, mais non plus moi, c'est Christ qui vit en moi. Et ce que maintenant je vis dans la chair, c'est dans la foi que je le vis, celle du Fils de Dieu qui m'a aimé et s'est livré pour moi »[131].

---

129 *Catéchisme de l'Église Catholique*, n° 1229.
130 Cf Jean 13, 34 ; 14, 12.
131 Galates 2, 19-20.

Chapitre 3

Jean-Paul II : Père de la nouvelle évangélisation parce qu'apôtre de la Miséricorde

« La nouvelle "évangélisation", qui deviendrait par la suite l'une des marques distinctives du pontificat de Jean-Paul II, venait de là. Elle découlait du constat – fait en particulier à travers les voyages – qu'il était extrêmement urgent de redonner une nouvelle sève, une nouvelle vie aux Églises, dans les pays de l'ancienne chrétienté. Surtout en Europe, continent qui s'était progressivement éloigné de ses racines, et donc de son histoire, de sa culture. Il fallait par conséquent retourner aux sources de la foi pour rendre à nouveau dynamique et incisive la mission d'évangélisation.

Mais en plus de cette mission – qui est un devoir prioritaire de l'Église et de tout chrétien, lequel doit évangéliser là où il vit, *hic et nunc* –, il y avait également une prédisposition particulière de Karol Wojtyla, celle que je définirais par "fraîcheur évangélique". Lui, le premier, cherchait

> constamment à se renouveler, ce qu'il faisait avant tout en lisant l'Évangile. Pendant toute sa vie, et jusqu'à sa dernière heure, il a lu chaque jour la Sainte Écriture. De là provenaient sa grande préoccupation de diffuser sans cesse le message du Christ dans le monde et, en même temps, de renforcer la foi.
>
> Tout autre engagement, avait toujours une motivation religieuse, spirituelle et puisait son origine dans sa foi en l'Évangile. Autrement l'Église se réduirait à une grande agence sociale, à un organisme d'aide internationale »[132].

Ce témoignage du secrétaire de Jean-Paul II nous révèle que pour annoncer la Divine Miséricorde, le Pape en vivait en tout premier lieu pour lui-même. On ne peut annoncer que ce que l'on connaît non seulement rationnellement mais également existentiellement. C'est le chemin de la sainteté qui s'ouvre ainsi devant l'apôtre.

> « La communion intime avec le Christ est un élément essentiel de la spiritualité missionnaire : on ne peut comprendre ni vivre la mission qu'en se référant au Christ comme à celui qui a été envoyé pour évangéliser. Paul en décrit les comportements : "Ayez entre vous les mêmes sentiments qui sont dans le Christ Jésus: Lui, de condition divine, ne retint pas jalousement le rang qui l'égalait à Dieu. Mais il s'anéantit lui-même, prenant condition d'esclave, et devenant semblable aux hommes. S'étant comporté comme un homme, il s'humilia plus encore, obéissant jusqu'à la mort, et à la mort sur une croix" (Ph 2, 5-8) ».
>
> « La vocation universelle à la sainteté est étroitement liée à la vocation universelle à la mission : tout fidèle est appelé à la sainteté et à la mission.

---

[132] Stanislas Dziwisz, *Une vie avec Karol – Entretiens avec Gian Franco Svidercoschi*, DDB-Seuil, 2007, p. 188 et 189.

Devenir Disciple bien-aimé

Ainsi, le Concile souhaitait ardemment, "en annonçant à toutes les créatures la bonne nouvelle de l'Evangile, répandre sur tous les hommes la clarté du Christ qui resplendit sur le visage de l'Eglise". La spiritualité missionnaire de l'Eglise est un chemin vers la sainteté »[133].

C'est le chemin suivi par Jean-Paul II lui-même comme l'a reconnu l'Église en l'élevant à la gloire des autels seulement six ans après son retour vers la Maison du Père.

Afin de préparer l'Église à cette béatification du Pape Jean-Paul II, qui a été célébrée par Benoît XVI le 1er mai 2011 « Dimanche de la divine miséricorde », de nombreux articles ont été publiés ainsi que quelques ouvrages. Toute cette littérature nous révèle à juste titre la personnalité si riche de Karol Wojtyla. Dans ce cadre, on a pu lire des pages sur la nouvelle évangélisation initiée par Jean-Paul II, et continuée avec Benoît XVI, et des pages sur la place de la miséricorde dans sa vie et son pontificat.

La lecture de ces articles peut nous inciter à séparer nouvelle évangélisation et miséricorde. On risque alors de tomber dans le piège de ne considérer que des facette d'une personnalité si unifiée. Ne faudrait-il pas considérer ensemble ces deux rayons lumineux émanant d'une unique source qu'est la personne de Jean-Paul II ? D'ailleurs lui-même nous y invite dans quelques mots qu'il a prononcés le 7 juin 1997, à Lagiewniki faubourg de Cracovie, où sainte Faustine a vécu et est enterrée. Écoutons-le : « Le message de la divine miséricorde a beaucoup marqué l'image de mon pontificat ». Dans ces quelques mots on retrouve non seulement la dimension de l'**annonce**, « Le message », mais également la dimension **pastorale** et **missionnaire**, de Jean-Paul II. En d'autres termes, Jean-Paul II nous donne lui-même les clés pour comprendre son ministère pontifical de successeur de Pierre :

---

[133] Jean-Paul II, Encyclique *Redemptoris Missio*, 7 décembre 1990, n° 88 et 90.

la miséricorde divine. Il nous montre la route à suivre afin d'être à notre tour des missionnaires, des témoins de la miséricorde de Dieu.

Le témoignage de l'Écriture Sainte vécu par Jean-Paul II

> « *Simon, Simon, voici que Satan vous a réclamé pour vous passer au crible comme le froment, mais moi j'ai prié pour toi, afin que ta foi ne défaille pas ; et toi, quand tu seras revenu, affermis tes frères* ».[134]

A l'heure suprême, Jésus se penche vers Pierre et lui confie l'ultime mission : affermir ses frères dans la foi. Afin qu'il puisse y arriver, Jésus assure son apôtre de sa prière. Il y a là quelque chose de bouleversant que nous pouvons appréhender en regardant la mission du successeur de Pierre. En effet, soutenu par la prière du Christ, le Pape est appelé à être un roc de foi face à la tempête des assauts du monde. En repensant au pontificat de Jean-Paul II, n'est-ce pas ce qu'il a vécu ? Il a montré au monde, tant dans ses interventions que dans ses gestes et dans sa prière, que sur la foi de Pierre le Christ a bâti son Église.

Au jour de la béatification de Jean-Paul II, son successeur sur le Siège de Pierre s'est exprimé ainsi dans l'homélie de la célébration :

> « "Heureux ceux qui n'ont pas vu et qui ont cru." (Jn 20,29). Dans l'Évangile d'aujourd'hui, Jésus prononce cette béatitude : la béatitude de

---
[134] Luc 22, 31-32.

la foi. Elle nous frappe de façon particulière parce que nous sommes justement réunis pour célébrer une béatification, et plus encore parce qu'aujourd'hui a été proclamé bienheureux un Pape, un Successeur de Pierre, appelé à confirmer ses frères dans la foi. Jean-Paul II est bienheureux pour sa foi, forte et généreuse, apostolique. Et, tout de suite, nous vient à l'esprit cette autre béatitude : "Tu es heureux, Simon fils de Jonas, car cette révélation t'est venue, non de la chair et du sang, mais de mon Père qui est dans les cieux" (Mt 16, 17). Qu'a donc révélé le Père céleste à Simon ? Que Jésus est le Christ, le Fils du Dieu vivant. Grâce à cette foi, Simon devient «Pierre», le rocher sur lequel Jésus peut bâtir son Église. La béatitude éternelle de Jean-Paul II, qu'aujourd'hui l'Église a la joie de proclamer, réside entièrement dans ces paroles du Christ : "Tu es heureux, Simon" et "Heureux ceux qui n'ont pas vu et qui ont cru". La béatitude de la foi, que Jean-Paul II aussi a reçue en don de Dieu le Père, pour l'édification de l'Église du Christ. »[135]

Il surgit alors une question : quel est le message évangélique ? Certes, la grande proclamation de foi de Pierre s'exprime non seulement dans la région de Césarée de Philippe, alors que Jésus demande à ses Apôtres : *« Pour vous, qui suis-je ? » « C'est toi, le Christ, le Fils du Dieu vivant ! »*, mais également au terme du grand discours sur le Pain de Vie dans la synagogue de Capharnaüm : *« Seigneur, vers qui irions-nous ? Tu as les paroles de la vie éternelle. Pour nous, nous avons cru et nous avons connu que c'est toi, le Saint de Dieu »*[136]. Jésus est le Messie dont les Paroles conduisent à la vie éternelle.

---

[135] Rappelons que le jour de la divine miséricorde, la liturgie de l'Église nous donne d'entendre l'évangile de saint Jean relatant les apparitions du Christ huit jours après Pâques (Jean 20, 19-31) au cours desquelles nous voyons l'apôtre Thomas vivre un cheminement de foi. *« Thomas répondit et lui (à Jésus) dit : "Mon Seigneur et mon Dieu !" Jésus lui dit : "Parce que tu m'as vu, tu as cru ; heureux ceux qui croient sans voir !" »*

[136] Matthieu 16, 16 et Jean 6, 68-69.

Saint Paul explicite cela. Écoutons-le dans la première épître à Timothée :

> « *C'est là une parole sûre et digne de tout notre accueil : Christ Jésus est venu dans le monde pour sauver les pécheurs, dont je suis, moi, le premier ; mais il m'a été fait miséricorde, pour qu'en moi, le premier, Jésus Christ montrât toute sa patience, et me fît servir d'exemple à ceux qui croiront en lui en vue de la vie éternelle. Au Roi des siècles, incorruptible, invisible, seul Dieu, honneur et gloire pour les siècles des siècles. Amen !* »[137]

Le grand message que Paul veut donner est que Dieu lui a fait miséricorde.

Il se trouve que plusieurs fois dans les épîtres, l'Apôtre invite ses interlocuteurs à être ses imitateurs comme il l'est lui-même du Christ[138]. Pourquoi ? Afin qu'ils puissent faire cette même expérience de la miséricorde et qu'à leur tour ils puissent dire au monde : « nous avons obtenu miséricorde ! »

La divine miséricorde est ce qui porte toute annonce authentique de l'Évangile. « Le message du christianisme est le message de la miséricorde divine et l'Église a pour mission urgente de l'annoncer, car le monde en a besoin aujourd'hui plus que jamais »[139]. La miséricorde de Dieu est évidemment le cœur de l'annonce explicite de la Bonne Nouvelle. Comme nous l'a montré saint Paul, cette annonce s'enracine dans l'expérience personnelle de la miséricorde, de la rencontre avec le Seigneur Jésus. Et c'est en partant de cette rencontre que l'on peut dire en toute vérité que « "Dieu riche en Miséricorde" est Celui que Jésus-

---

[137] Première épître à Timothée 1, 15-17.
[138] Cf Première épître aux Corinthiens 11, 1.
[139] Christoph Schönborn, *Nous avons obtenu miséricorde*, Parole et Silence, 2009, p. 7, *Avant-propos* écrit par Hubert Philipp Weber.

Devenir Disciple bien-aimé

Christ nous a révélé comme Père : c'est Lui, son Fils, qui nous l'a manifesté et fait connaître en lui-même »[140].

> *« Dieu en effet a tant aimé le monde qu'il a donné le Fils, l'Unique, pour que tout homme qui croit en lui ne périsse pas, mais qu'il ait la vie éternelle. Car Dieu n'a pas envoyé le Fils dans le monde pour juger le monde, mais pour que le monde soit sauvé par lui »*[141].

Par sa vie et son ministère pastoral, Karol Wojtyla portait en lui une grande expérience tant humaine que spirituelle de cette annonce de la miséricorde divine. Lors de son élection sur le Siège de Pierre, il a mis cette expérience au service de l'Église universelle pour une annonce de l'Évangile.

> « Tout ce qui est contenu dans l'encyclique *Redemptor hominis*, je l'avais apporté avec moi de Pologne. Il en va de même des réflexions contenues dans l'encyclique *Dives in misericordia*, qui étaient le fruit de mon expérience pastorale en Pologne et tout spécialement à Cracovie. »[142]

Ainsi, Successeur de Pierre, Jean-Paul II a invité l'Église et le monde à ouvrir les portes au Christ afin que l'homme puisse être respecté dans toutes ses dimensions. Écoutons-le lors de l'inauguration de son Pontificat (22 octobre 1978) dans un élan qui restera à jamais gravé dans toutes les mémoires et tous les cœurs :

> « Frères et sœurs, n'ayez pas peur d'accueillir le Christ et d'accepter son pouvoir !
>
> Aidez le Pape et tous ceux qui veulent servir le Christ et, avec la puissance du Christ servir l'homme et l'humanité entière ! N'ayez pas peur ! Ouvrez, ouvrez toutes grandes les portes au Christ ! À sa puissance salvatrice ouvrez les frontières des États, les systèmes économiques et

---
140 Jean-Paul II, *Encyclique Dives in Miseriordia*, 30 novembre 1980, n° 1.
141 Jean 3, 16-17.
142 Jean-Paul II, *Mémoire et identité*, Flammarion, 2005, p. 17.

politiques, les immenses domaines de la culture, de la civilisation, du développement. N'ayez pas peur ! Le Christ sait "ce qu'il y a dans l'homme" ! Et lui seul le sait ! »

Cela, il l'aura mis en œuvre dans ses voyages à travers le monde en allant vers l'homme et vers tous les hommes, dans ses enseignements tant par la parole que par ses écrits et par le quotidien de sa vie. Allant, jusqu'au bout de ses forces, avec un charisme hors du commun, Jean-Paul II a également utilisé les moyens modernes de communication pour faire entrer l'humanité dans une authentique humanisation. La contemplation du mystère du Christ, qui est l'homme par excellence et qui s'est unit à tout homme par son incarnation[143], Jean-Paul II nous a montré qu'annoncer le Christ est l'unique chemin qui conduit l'homme à être pleinement lui-même.

« Nous nous interrogeons avec un optimisme confiant, sans pour autant sous-estimer les problèmes. Nous ne sommes certes pas séduits par la perspective naïve qu'il pourrait exister pour nous, face aux grands défis de notre temps, une formule magique. Non, ce n'est pas une formule qui nous sauvera, mais une Personne, et la certitude qu'elle nous inspire: Je suis avec vous!

Il ne s'agit pas alors d'inventer un "nouveau programme". Le programme existe déjà: c'est celui de toujours, tiré de l'Évangile et de la Tradition vivante. Il est centré, en dernière analyse, sur le Christ lui-même, qu'il faut connaître, aimer, imiter, pour vivre en lui la vie trinitaire et pour transformer avec lui l'histoire jusqu'à son achèvement dans la Jérusalem céleste. C'est un programme qui ne change pas avec la variation des temps et des cultures, même s'il tient compte du temps et de la culture pour un

---

[143] Cf Jean 19, 5 ; Concile *Vatican II*, Constitution *Gaudium et Spes*, n° 22 particulièrement § 1 et 2.

dialogue vrai et une communication efficace. Ce programme de toujours est notre programme pour le troisième millénaire. »[144]

En 2002, ce programme évangélique et donc missionnaire prend un sens très explicite. En effet, lors de son dernier pèlerinage en Pologne, le Pape se rend à Lagiewniki pour la consécration du sanctuaire de la Miséricorde divine. Réécoutons quelques mots de son homélie qui envoie en mission afin de faire œuvre de Charité en annonçant la divine miséricorde.

> « Comme le monde d'aujourd'hui a un besoin urgent de la miséricorde divine ! Du plus profond de leur souffrance, des hommes de tous continents implorent la miséricorde. (…) Dans ce sanctuaire, je consacre solennellement le monde à la miséricorde de Dieu, en formant le vœu profond que le message de Son amour miséricordieux, annoncé ici à sainte Faustine, touche tous les hommes de la terre et comble leurs cœurs d'espérance. Que le message qui émane de ce lieu, se répande partout dans tout notre pays natal et dans le monde entier. Puisse s'accomplir cette promesse de notre Seigneur Jésus Christ : "D'ici jaillira une étincelle qui préparera le monde pour mon retour à la fin des temps." Il nous incombe de raviver sans cesse cette étincelle de la grâce de Dieu et de transmettre au monde ce feu de la miséricorde. C'est dans la miséricorde de Dieu que le monde obtiendra la paix, et l'homme la béatitude ! À vous chers frères et sœurs, je confie cette tâche : soyez des témoins de la miséricorde ! »[145]

Par ces paroles pleines de force, le Pape semble transmettre le flambeau à l'ensemble de l'Église et donc à chaque fidèle désirant participer à la Nouvelle Évangélisation en donnant véritablement une charte essentielle : annoncer la

---

144 Jean-Paul II, Lettre apostolique *Novo Millennio* Ineunte, 6 janvier 2001, n° 29.
145 Cet extrait de l'homélie de Jean-Paul II est cité par le cardinal Schönborn, *op. cit.*, p. 19.

divine miséricorde, en en vivant, afin de répondre à l'appel des hommes de notre temps. En d'autres termes, toute véritable mission doit être une annonce concrète et explicite de l'amour miséricordieux de Dieu.

Une question : Pour Jean-Paul II, qu'est-ce que la miséricorde ?

Il est délicat de donner une définition exhaustive de ce qu'est la miséricorde divine pour le Pape Jean-Paul II. Notons qu'elle est la force de la vérité de l'amour qui s'oppose au mal et cherche à le vaincre par le bien. Dans l'épître aux Romains, Saint Paul écrira avec force :

> *« Ne rendez à personne le mal pour le mal. Ayez à cœur de faire le bien devant tous les hommes. (...) Ne te laisse pas vaincre par le mal, mais sois vainqueur du mal par le bien »*[146].

Mais il faut bien saisir. La miséricorde n'est pas un laisser faire devant l'injustice ou la violence et encore moins une compassion sentimentale devant la souffrance et la blessure d'autrui. Ce n'est pas vivre « comme si le bien et le mal étaient égaux sous prétexte que Dieu ne peut être que miséricordieux. Ce serait là une tromperie »[147]. En fait, la miséricorde est l'expression de la force de l'amour unie à la splendeur de la vérité.

---

146 Romains 12, 17.21.
147 Benoît XVI, Audience générale du 12 novembre 2008.

Devenir Disciple bien-aimé

Il en résulte qu'il ne faut pas avoir peur de ce mot de miséricorde et de ce qu'il recouvre. En même temps, il ne faut pas en édulcorer le sens. En effet, la miséricorde est exigeante car c'est l'exigence de la vérité. Aussi, la réalité de la miséricorde est à connaître, à réfléchir d'une manière rationnelle, mais pour en bien saisir le sens, il est fondamental d'en faire l'expérience dans sa propre vie. C'est dans la vérité de ce que je suis que je fais l'expérience de la nécessité de la miséricorde divine et c'est en faisant l'expérience de la miséricorde divine que j'avance sur le chemin de la vérité, sur le chemin du retour vers Dieu.

Comment ici ne pas penser aux grandes paraboles de miséricorde qui nous sont rapportées dans l'évangile de saint Luc au chapitre 15 ou encore les premiers versets de l'évangile que l'Église nous donne d'entendre au jour de la fête du « Dimanche de la Miséricorde » :

> *« Le soir de ce même jour, le premier jour de la semaine, alors que, par peur des Juifs, les portes du lieu où se trouvaient les disciples étaient fermées, Jésus vint et se tint au milieu, et il leur dit : "Paix à vous !" Et ayant dit cela, il leur montra ses mains et son côté. Les disciples furent donc remplis de joie à la vue du Seigneur. [Jésus] leur dit donc de nouveau : "Paix à vous ! Comme le Père m'a envoyé, moi aussi je vous envoie." Et ayant dit cela, il souffla sur eux, et il leur dit : "Recevez l'Esprit Saint ; les péchés seront remis à ceux à qui vous les remettrez, ils seront retenus à ceux à qui vous les retiendrez." »*[148].

Dans ces versets, nous voyons que seul Jésus parle. Tout d'abord, il donne à ses disciples, qui ont peur des Juifs, de faire l'**expérience** de la miséricorde en leur donnant sa paix, puis il les envoie en **mission** en les engageant à faire de même. Mais, pour que la miséricorde divine puisse atteindre son but, il faut que l'homme

---

148 Jean 20, 19-23.

discerne et fasse la vérité avec lui-même. C'est ce qui est présent dans ce que dit Jésus aux apôtres en leur confiant ce pouvoir de pardonner les péchés.

En considérant la vie de Jean-Paul II, nous voyons qu'il a lui-même vécu dans sa chair cette réalité de la miséricorde divine et que cela l'a profondément modelé. Il a été meurtri par les deux grands totalitarismes du vingtième siècle qui ont écrasé l'homme en le déshumanisant avec violence. Il aurait pu en sortir aigri ou désespéré. Mais, il a su résister non en prenant le maquis mais en s'enracinant dans la culture et la recherche de la vérité, l'une et l'autre réalité se rejoignant dans l'Amour qui est véritablement BEAU. Face à la spirale du mal, Jean-Paul II répond en invitant à s'ouvrir à ce qui est beau. Car le mal ne peut pas détruire le bien, il peut simplement priver un être déterminé d'un bien quelconque qui devrait être présent en lui. Il est certain que dans la vie de Jean-Paul II, comme à tout époque de l'histoire de l'humanité, le bien et le mal ont coexisté, croissent l'un à côté de l'autre. C'est un état de fait qui nous permet d'affirmer que le bien persévère à côté du mal. Ce dernier ne peut être vainqueur ! En effet, la nature humaine, quoique abîmée par le péché, a conservé sa capacité de bien. L'histoire de l'humanité en est pleine d'exemples magnifiques.

Revenant et relisant cette période troublée de sa vie, Jean-Paul II nous ouvre au lien profond qui existe entre miséricorde divine et nouvelle évangélisation. Dans le livre *Mémoire et identité*, publié en France en 2005, le Saint Père revient sur son expérience des deux totalitarismes du vingtième siècle. Ce regard, lui permet d'avoir une attitude de Foi et d'Espérance en montrant combien il est efficace de se mettre au service de l'évangile de la miséricorde afin de sauver l'homme de lui-même :

> « Si j'évoque ici sœur Faustine et le culte du Christ miséricordieux promu par elle, je le fais aussi parce que cette sainte appartient à notre temps. Elle a vécu dans les premières décennies du XXème siècle et elle est

morte avant la Seconde Guerre mondiale. C'est pendant cette période que lui fut révélé le mystère de la Divine Miséricorde, et elle rapporte dans son *Journal* ce dont elle a fait l'expérience. Aux survivants de la Seconde Guerre mondiale, les paroles notées dans le *Journal* de sainte Faustine apparaissent comme un évangile caractéristique de la Divine Miséricorde, écrit selon la perspective du XXème siècle. Ses contemporains ont compris ce message. Ils l'ont compris à travers l'accumulation dramatique du mal durant la Seconde Guerre mondiale et au travers de la cruauté des systèmes totalitaires. Ce fut comme si le Christ avait voulu révéler que la limite imposée au mal, dont l'homme est l'auteur et la victime, est en définitive la Divine Miséricorde. (…) Je pense aussi que sœur Faustine et son témoignage à propos du mystère de la Divine Miséricorde s'insèrent en quelque sorte dans cette perspective. L'héritage de sa spiritualité eut – nous le savons par expérience – une grande importance pour la résistance contre le mal qui agissait dans les systèmes inhumains d'alors. Tout cela conserve une signification précise non seulement pour les Polonais, mais aussi pour le vaste ensemble de l'Église dans le monde. La béatification et la canonisation de sœur Faustine l'ont, entre autre, mis en évidence. Ce fut comme si le Christ, par son intermédiaire, avait voulu dire : "Le mal ne remporte pas la victoire définitive !" Le mystère pascal confirme que le bien est en définitive vainqueur ; que la vie est victorieuse sur la mort et que l'amour triomphe de la haine »[149].

Dans l'annonce de l'Évangile, le missionnaire est parfois confronté à la contradiction ou à l'échec. Il peut même être incompris et parfois persécuté. Par ces lignes, Jean-Paul II invite à poser un regard de miséricorde sur ces événements

---

149 Jean-Paul II, *Mémoire et Identité*, Flammarion, 2005, p. 70-72. Cf également Mgr Pierre d'Ornellas, *op. cit.*, p. 145s.

afin de toujours se dire que le bien et la vérité triompheront ! La miséricorde remet toujours les choses dans l'ordre ! L'heure de Dieu n'est pas la nôtre !

Éléments concrets

Là où nous en sommes dans notre réflexion, il est bon de voir d'une manière concrète comment Jean-Paul II, tant dans sa vie que dans son ministère, a su vivre le lien qui existe entre miséricorde divine et nouvelle évangélisation.

Nous allons relever quelques éléments de la vie du Pape qui nous montrent précisément que le Saint Père portait en lui cette unité entre miséricorde, vécue et annoncée, et mission, vécue et encouragée. Ce regard de la vie de Jean-Paul II nous donnera un profond enseignement pour chaque membre de l'Église appelé à être missionnaire témoignant de la miséricorde divine.

La prière

Tous les témoignages le disent avec force : Jean-Paul II était un bloc, un roc de prière. Le regarder prier donnait cette sensation de la présence de Dieu, de ce contact avec la sphère du divin. Lorsque le Pape priait, rien ne pouvait le détourner de cette rencontre personnelle avec Dieu. Cette prière était une véritable contemplation de la personne du Christ. Ainsi, il nous montrait le chemin de l'union à Dieu : avec l'aide de l'Esprit Saint, lever les yeux vers Jésus, Icône parfaite du Père. En bon pédagogue, il a également montré que l'école de Marie

Devenir Disciple bien-aimé

était la meilleure pour entrer dans un authentique chemin de prière parce qu'elle nous apprend à contempler l'évangile et ainsi elle nous conduit à Jésus[150].

En 1994, dans le livre entretien *Entrez dans l'Espérance*, le Pape répond à la question « Comment prier ? » Dans sa réponse, il écrit :

> « C'est donc Dieu qui joue le premier rôle dans la prière : c'est le Christ qui délivre constamment la créature de l'esclavage de la corruption et la conduit vers la liberté dans la gloire des enfants de Dieu ; c'est l'Esprit Saint qui "vient au secours de notre faiblesse". Quand nous nous mettons à prier, nous avons l'impression que nous prenons l'initiative. Mais la prière est toujours une initiative de Dieu en nous. Exactement comme saint Paul le décrit[151]. Cette initiative nous rend à notre véritable humanité et à notre vocation singulière. Elle nous introduit dans la dignité supérieure des enfants de Dieu, objet de l'attente de la création »[152].

Il est frappant de voir que dans cette présentation de la prière, le Pape associe et la miséricorde, « le Christ délivre la créature de l'esclavage », et la mission puisque la prière « introduit dans la dignité supérieure des enfants de Dieu, objet de l'attente de la création ». Jean-Paul II en témoigne et l'a vécu pour lui-même. La prière est véritablement le lieu d'unification de la miséricorde divine qui opère une libération personnelle et communautaire en vue de la nouvelle évangélisation.

---

150 Cf toute la lettre apostolique de Jean-Paul II, *Rosarium Virginis Mariae* sur le Rosaire de la Vierge Marie, du 16 octobre 2002 et qui est une magnifique synthèse de toute la spiritualité mariale du Pape.
151 Dans le paragraphe précédent celui qui est rapporté, le Pape cite l'épître aux Romains 8, 19-24.26.
152 Jean-Paul II, *Entrez dans l'Espérance*, Plon-Mame, 1994, p.42-43.

Les œuvres de miséricorde

Signes tangibles de la compassion du Christ qui a le souci de l'homme, de tout l'homme, de tous les hommes, les œuvres de miséricorde font partie intégrante de la nouvelle évangélisation. En fait, tout missionnaire est appelé à être comme le Christ qui passe au milieu de la foule en faisant le bien, en allant vers celui qui l'appelle : « Viens à mon secours ! »[153].

Lorsque nous pensons au ministère pontifical de Jean-Paul II, tant dans la dimension publique que privée, les gestes de miséricorde, manifestant son attention aux petits, aux faibles, aux malades, ont une place très importante quoique discrète. Pensons aux différents gestes qu'il a pu avoir, aux paroles qu'il a pu dire lors des journées mondiales du malade (11 février de chaque année) ou dans sa lettre apostolique *Salvifici Doloris* sur le sens chrétien de la souffrance humaine (11 février 1984). N'a-t-il pas également demandé qu'il y ait au Vatican un lieu d'accueil pour les pauvres ?

Un des moments forts du pèlerinage en France en septembre 1996 fut lorsque le Saint Père rencontra les malades et ceux qui souffrent à Tours. En passant au milieu de la foule, il a pu s'attarder avec nombre d'entre eux comme s'il était unique aux yeux de Dieu et donc aux yeux du Pape. Dans son homélie, il a dit :

> « Chers frères et sœurs,
>
> "Heureux êtes-vous, car le Royaume des cieux est à vous !"
>
> Je vous salue tous avec affection, car j'attache une importance à notre rencontre. Vos visages expriment l'espérance ; vos visages parlent aussi de Dieu, car vous avez du prix à ses yeux. (...)

---

[153] Les exemples de guérisons sont nombreux dans l'évangile, ainsi que les appels au secours. Jésus y répond en invitant ses auditeurs à la foi.

Devenir Disciple bien-aimé

Dans la société actuelle, nous connaissons *trop de formes de pauvreté*, de tristesse et d'affliction. La pauvreté matérielle, la maladie, la souffrance physique, les divers types d'exclusion qui frappent nos contemporains, ces formes du malheur sont multiples : personne ne peut être sûr d'y échapper au cours de sa vie. Certains en subissent même plusieurs, car elles s'engendrent mutuellement. Et il vient un moment où toute issue semble fermée, où la vie n'apparaît plus comme un don de Dieu, mais comme un fardeau. C'est alors que la béatitude des affligés prend tout son sens. Le Christ a osé proclamer que ceux qui pleurent sont heureux et seront consolés. Il affirme qu'ils sont appelés au bonheur sans fin. Par son amour infini, le Seigneur répond ainsi au désir d'être heureux qui habite le cœur de tout homme. Qu'y a-t-il, en effet, de plus grand et de plus important que *d'être aimé et d'être reconnu pour soi-même, pour la beauté de son être intérieur*, qui ne dépend ni des apparences ni de l'intérêt immédiat que l'on peut représenter pour les autres ? »

La grande miséricorde du Pape est de redonner à chacun sa place authentique en renvoyant la personne humaine à ce qui fait l'essentiel de ce qu'il est au travers de ce qu'il vit, de ce qu'il traverse. En cela, il y a une mission car en tout homme on peut voir le visage du Christ qui ouvre au bonheur désiré par tout homme. En d'autres termes, l'œuvre de miséricorde qui permet à l'homme de se pencher vers celui qui souffre comme étant vraiment le Christ a une dimension missionnaire ouvrant à l'Espérance non seulement le souffrant mais également l'entourage et plus largement le monde. De fait, c'est un lieu d'humanisation.

Toujours, dans la même homélie, Jean-Paul II dira un peu plus loin :

« *Tout être meurtri* dans son corps ou dans son esprit, toute personne privée de ses droits les plus élémentaires, *est une vivante image du Christ.* "Dans les pauvres et les souffrants, l'Église reconnaît l'image de son fondateur pauvre et souffrant". Par sa mort sur la Croix, le Christ, qui a connu la souffrance extrême, nous demeure proche. Mais en contemplant le mystère de sa Passion, nous découvrons l'espérance offerte par le Seigneur. Par son amour pour nous, Il nous a ouvert un chemin nouveau ».

Demandes de pardon : Mémoire et Repentance

La « purification de la mémoire », qui « demande à tous un acte de courage et d'humilité pour reconnaître les fautes commises par ceux qui ont porté et portent le nom de chrétien »[154], fait partie des grandes intuitions de Jean-Paul II. Avant même de le formaliser dans la grande célébration du Jubilé de l'an 2000, le Pape a fait différentes démarches de demande de pardon qui invitaient en quelque sorte à entrer dans un examen de conscience pour préparer l'Église à célébrer dans la joie d'un cœur purifié l'entrée dans le troisième millénaire.

> « Face au Christ qui, par amour, a assumé nos fautes, nous sommes tous invités à un profond examen de conscience. L'un des éléments caractéristiques du grand Jubilé réside dans ce que j'ai qualifié de "purification de la mémoire". Comme Successeur de Pierre, j'ai demandé que "en cette année de miséricorde, l'Eglise, forte de la sainteté qu'elle reçoit de son Seigneur, s'agenouille devant Dieu et implore le pardon des péchés passés et présents de ses fils". Ce premier dimanche de Carême m'a semblé une occasion propice afin que l'Eglise, recueillie spirituellement autour du Successeur de Pierre, implore le pardon divin

---

[154] Jean-Paul II, Bulle d'indiction du grand Jubilé de l'an 2000 *Incarnationis Mysterium*, 29 novembre 1998, n° 11.

pour les fautes de tous les croyants. Pardonnons et demandons pardon ! »[155]

Cette démarche a suscité de nombreuses réactions qui invitent à la réflexion. En faisant cet examen de conscience, n'allait-on pas mettre l'Église à genoux et ainsi l'affaiblir ? D'autres ont pu penser qu'enfin l'Église reconnaissait ses erreurs du passé. Le regard qu'il nous faut porter doit être équilibré et s'enraciner dans la réalité même de ce qu'est l'Église sacrement, signe et moyen de l'union intime avec Dieu et de l'unité de tout le genre humain[156]. L'a-t-elle réellement vécu tout au long de son histoire ? Que veut dire demander pardon pour des péchés que nous n'avons pas commis personnellement ? Autant de questions auxquelles on ne peut répondre ici mais qui sont légitimes et invitent à une réflexion approfondie[157].

Il semble tout de même que cette démarche de vérité grandit l'Église et s'inscrit dans la lignée même du Concile Vatican II qui dit clairement : « tandis que le Christ saint, innocent, sans tache (He 7, 26) ignore le péché (2 Co 5, 21), venant seulement expier les péchés du peuple (cf. He 2, 17), l'Église, elle, enferme des pécheurs dans son propre sein, elle est donc à la fois sainte et toujours appelée à se purifier, poursuivant constamment son effort de pénitence et de renouvellement »[158]. De plus, cette démarche donne aux fidèles de prendre conscience qu'au-delà du temps et de l'histoire l'Église est UNE et que le péché d'un de ses membres a une répercussion sur l'ensemble du corps[159]. Il semble aussi que dans le fait de savoir reconnaître ses erreurs dues à la faiblesse humaine, d'oser le vivre dans la foi en la miséricorde divine qui nous délivre par le don de la

---

155 Homélie du dimanche 12 mars 2000, 1er dimanche de Carême, pour la journée du pardon.
156 Cf Concile *Vatican II*, Constitution *Lumen Gentium*, n° 1.
157 Pour une première approche, on peut se référer : Georges Cottier, *Mémoire et Repentance – Pourquoi l'Église demande pardon*, Parole et Silence, 1998.
158 Concile *Vatican II*, Constitution *Lumen Gentium*, n° 8.
159 C'est toute la dimension sociale du péché qui est à articuler avec la réalité personnelle de celui-ci. Cf Jean-Paul II, Exhortation Apostolique post-synodale *Reconciliation et Paenitentia*, 2 décembre 1984, n° 16.

grâce de Dieu, cette vérité de foi est au cœur de la vie chrétienne. Le confessant avec toute l'Église, le vivant pour lui-même, Jean-Paul II engage l'Église à avancer sur cette route de la miséricorde divine qui exige un véritable examen de conscience.

Afin d'illustrer le propos, citons trois textes parmi les nombreux que Jean-Paul II a laissé à l'Église et au monde.

Le premier date du 22 février 1992, nous sommes à la maison des esclaves sur l'île de Gorée. Invoquant la miséricorde de Dieu, Jean-Paul II situe la « purification de la mémoire » dans le domaine politique et sociale.

> « C'est un cri! ... Je suis venu ici pour écouter ce cri des siècles et des générations, des générations des noirs, des esclaves. Je pense maintenant, en même temps, que Jésus-Christ est devenu, on peut dire lui-aussi un esclave, un serviteur: mais il a porté même dans cette situation d'esclavage la lumière. Cette lumière s'appelait la présence de Dieu, la libération en Dieu... libération en Dieu, cela veut dire Dieu Amour.
>
> On peut penser ici surtout à l'injustice: c'est un drame de la civilisation qui se disait chrétienne. L'ancien grand philosophe Socrate disait que ceux qui subissent l'injustice se trouvent dans une situation meilleure que ceux qui sont cause de l'injustice.
>
> Alors c'est l'autre côté de la réalité de l'injustice qui s'est passée ici. C'est un drame humain. Ce cri des siècles, des générations, nous provoque à nous libérer toujours de ce drame parce que les racines de ce drame sont en nous, dans la nature humaine, dans le péché.
>
> Je suis venu ici pour rendre hommage à toutes ces victimes, victimes inconnues; on ne sait pas exactement combien, on ne sait pas exactement qui. Malheureusement notre civilisation qui se disait, qui se dit chrétienne

est retournée dans notre siècle aussi à cette situation des esclaves anonymes; nous savons ce qu'étaient les camps de concentration: ici c'en est un modèle. On ne peut pas se plonger dans la tragédie de notre civilisation, de notre faiblesse, du péché. Nous devons rester toujours fidèles à un autre cri, celui de saint Paul, qui a dit : *"Ubi abundavit peccatum superabundavit gratia"* là où le péché a abondé, la grâce, cela veut dire l'amour, a surabondé. »

Le deuxième date du 23 août 1997, lors de la 12ème journée mondiale de la jeunesse. Ces paroles ont été prononcées par le Pape au cours de la veillée sur l'hippodrome de Longchamp. La « purification de la mémoire » s'accomplit également dans le cadre du dialogue œcuménique.

« À la veille du 24 août, on ne peut oublier le douloureux massacre de la Saint-Barthélémy, aux motivations bien obscures dans l'histoire politique et religieuse de la France. Des chrétiens ont accompli des actes que l'Évangile réprouve. Si j'évoque le passé, c'est parce que "reconnaître les fléchissements d'hier est un acte de loyauté et de courage qui nous aide à renforcer notre foi, qui nous fait percevoir les tentations et les difficultés d'aujourd'hui et nous prépare à les affronter" (*Tertio millennio adveniente*, n. 33). Je m'associe donc volontiers aux initiatives des évêques français, car, avec eux, je suis convaincu que seul le pardon offert et reçu conduit progressivement à un dialogue fécond qui scelle alors une réconciliation pleinement chrétienne. L'appartenance à différentes traditions religieuses ne doit pas constituer aujourd'hui une source d'opposition ou de tension. Bien au contraire, l'amour pour le Christ qui nous est commun nous pousse à chercher sans relâche le chemin de la pleine unité. »

Le troisième est peut être l'un des plus poignants. Lors de son pèlerinage jubilaire en Terre Sainte, le Pape s'est rendu au mur occidental de Jérusalem. Là, il s'est avancé seul et a déposé dans les interstices du mur cette prière qu'il a en premier lieu dite. Nous étions le dimanche 26 mars 2000.

> « Dieu de nos pères,
> tu as choisi Abraham et sa descendance
> pour que ton Nom soit apporté aux peuples:
> nous sommes profondément attristés
> par le comportement de ceux qui,
> au cours de l'histoire, les ont fait souffrir, eux qui sont tes fils,
> et, en te demandant pardon, nous voulons nous engager
> à vivre une fraternité authentique
> avec le peuple de l'alliance. Amen. »

Cette réalité de « purification de la mémoire » a une grande répercussion dans la vie pastorale et missionnaire quotidienne. En effet, combien de fois lors de missions, ou dans des dialogues, n'entendons-nous pas, avec un certain raccourci historique qui rend bien service : « Jésus, je veux bien, mais pas l'Église car vous comprenez avec l'inquisition, les croisades, etc. » Grâce aux différentes démarches de Jean-Paul II, la réponse peut être très simple : « Vous avez raison, des actes ont été accomplis par des membres de l'Église et qui ne sont pas conformes à l'Évangile. Mais, vous savez, l'Église a su le reconnaître et demander pardon pour cela ! » Bien souvent, la discussion prend alors une tout autre dimension car la vérité rend libre et la grâce de la miséricorde peut alors faire son œuvre.

Œcuménisme et dialogue inter-religieux

« Et moi, une fois élevé de terre, j'attirerai tous les hommes vers moi ». Le grand désir du Seigneur Jésus c'est l'unité pour que le monde croie qu'Il est

Devenir Disciple bien-aimé

l'envoyé du Père. N'est-ce pas ce qu'il dit dans sa grande et ultime prière de Fils bien-aimé ?

> « *Ce n'est pas pour ceux-là seulement que je prie, mais aussi pour ceux qui, par leur parole, croient en moi, afin que tous soient un. Comme toi, Père, tu es en moi et moi en toi, qu'ils soient en nous eux aussi, pour que le monde croie que c'est toi qui m'as envoyé. Et moi, la gloire que tu m'as donnée, je la leur ai donnée, pour qu'ils soient un comme nous sommes un ; moi en eux et toi en moi, pour qu'ils se trouvent accomplis dans l'unité, pour que le monde connaisse que c'est toi qui m'as envoyé et que tu les as aimés comme tu m'as aimé* »[160].

La recherche d'unité dans une communion authentique et vraie a une dimension évangélisatrice essentielle. Aussi, l'œcuménisme et le dialogue interreligieux font partie intégrante de la démarche de nouvelle évangélisation. D'ailleurs, l'Église en a pleinement conscience puisqu'elle est, « dans le Christ, en quelque sorte le sacrement, c'est-à-dire à la fois le signe et le moyen de l'union intime avec Dieu et de l'unité de tout le genre humain »[161].

Tout au long de son Pontificat, s'inscrivant dans la lignée de ses prédécesseurs, Jean-Paul II a mis en œuvre cette réalité fondamentale de dialogue avec les frères séparés et les autres religions pour le bien de l'humanité tout entière.

> « Quand j'affirme que pour moi, Evêque de Rome, l'engagement œcuménique est "une des priorités pastorales" de mon pontificat, je pense au grave obstacle que constitue la division pour l'annonce de l'Evangile. Une Communauté chrétienne qui croit au Christ et désire, avec l'ardeur de l'Evangile, le salut de l'humanité, ne peut en aucune manière se fermer à l'appel de l'Esprit qui oriente tous les chrétiens vers l'unité pleine et

---

160 Jean 12, 32 ; 17, 20-23.
161 Concile *Vatican II*, Constitution *Lumen Gentium*, n° 1.

visible. Il s'agit d'un des impératifs de la charité qu'il faut suivre sans réticences. L'œcuménisme n'est pas qu'une question interne aux Communautés chrétiennes. Il concerne l'amour que Dieu porte à l'humanité entière en Jésus Christ; faire obstacle à cet amour, c'est l'offenser dans son dessein de rassembler tous les hommes dans le Christ. Le Pape Paul VI écrivait au Patriarche œcuménique Athénagoras Ier : "Puisse l'Esprit Saint nous guider dans la voie de la réconciliation afin que l'union de nos Eglises devienne un signe toujours plus lumineux d'espérance et de réconfort au sein de l'humanité entière". »[162]

Cette conviction a pris corps dans des gestes très forts qui ont marqué le pontificat de Jean-Paul II. N'a-t-il pas aussi montré l'importance du respect mutuel dans la prière afin d'être pleinement au service de l'homme et de la paix dans le monde en invitant par deux fois toutes les religions du monde à prier à Assise ? Son plus cher désir n'était-il pas que les chrétiens puissent se présenter unis devant Dieu au moment de l'entrée dans le troisième millénaire ?

Réaliste, Jean-Paul II savait que la route est longue et qu'elle nécessite une démarche de recherche de vérité tant au niveau dogmatique qu'au niveau d'un accueil et d'une connaissance mutuelle. Cette route appelle une authentique conversion du cœur afin de découvrir toujours plus qui on est, de ce vers quoi et vers qui nous allons.

Une double dimension anime ce chemin vers l'unité. Tout d'abord, il y a une purification de l'intelligence, accueillie et vécue, pour éviter tout dogmatisme conduisant à la sclérose. C'est la démarche de miséricorde.

« Tous les péchés du monde ont été portés dans le sacrifice salvifique du Christ et donc aussi ceux qui ont été commis contre l'unité des chrétiens,

---

[162] Jean-Paul II, Encyclique *Ut unum sint*, 25 mai 1995, n° 99.

les péchés des chrétiens, des pasteurs non moins que des fidèles. Même après les nombreux péchés qui ont entraîné les divisions historiques, *l'unité des chrétiens est possible*, à condition que nous soyons humblement conscients d'avoir péché contre l'unité et convaincus de la nécessité de notre conversion. Ce ne sont pas seulement les péchés personnels qui doivent être remis et surmontés, mais aussi les péchés sociaux, pour ainsi dire les "structures" mêmes du péché, qui ont entraîné et peuvent entraîner la division et la confirmer. »

Et de plus, il est nécessaire de rechercher d'une manière honnête et cohérente la vérité qu'est le Christ Jésus lui-même. C'est la démarche d'évangélisation qui passe par une annonce humble mais explicite de la foi chrétienne, avec l'aide de la grâce de Dieu.

« L'amour de la vérité est la dimension la plus profonde d'une recherche authentique de la pleine communion entre les chrétiens. Sans cet amour, il serait impossible d'aborder les difficultés objectives d'ordre théologique, culturel, psychologique et social que l'on rencontre dans l'examen des divergences. L'esprit de charité et d'humilité doit être inséparablement associé à cette dimension intérieure et personnelle : charité envers l'interlocuteur, humilité devant la vérité que l'on découvre et qui pourrait demander la révision de certaines affirmations ou de certaines attitudes. »[163]

---

[163] Jean-Paul II, *op. cit.*, n° 34 et 36.

Remarque conclusive

La figure de Jean-Paul II peut éventuellement impressionner par la force de plénitude qu'elle dégage. Mais, il ne faut pas oublier que, successeur de Pierre, Karol Wojtyla est un pasteur. Par son charisme exceptionnel, il a attiré les foules, toujours pour leur montrer avec force et courage le visage du Christ Jésus qui est *« le Chemin, et la Vérité, et la Vie ! »*, qui est l'Unique qui nous mène vers le Père[164]. Il a encouragé, guidé, fait avancer toujours en respectant l'homme mais en éclairant inlassablement sa conscience pour qu'il puisse choisir le vrai et le bien qu'est le Rédempteur de l'homme, Jésus, et ainsi être vraiment libre.

Dès sa première encyclique *Redemptor Hominis*, datée du 4 mars 1979, le Saint Père écrit des paroles toujours actuelles et que nous sommes appelés à mettre en œuvre dans notre vie :

> « A notre époque, on estime parfois de manière erronée que la liberté est à elle-même sa propre fin, que tout homme est libre quand il s'en sert comme il veut, et qu'il est nécessaire de tendre vers ce but dans la vie des individus comme dans la vie des sociétés. La liberté, au contraire, est un grand don seulement quand nous savons en user avec sagesse pour tout ce qui est vraiment bien. Le Christ nous enseigne que le meilleur usage de la liberté est la charité, qui se réalise dans le don et le service. C'est par une telle "liberté que le Christ nous a rendus libres" et qu'il nous libère toujours. L'Eglise trouve ici l'inspiration incessante, l'appel et l'élan pour

---

164 Cf Jean 14, 6.

sa mission et son service parmi tous les hommes. La pleine vérité sur la liberté humaine est inscrite en profondeur dans le mystère de la Rédemption. L'Eglise sert réellement l'humanité lorsqu'elle conserve cette vérité avec une attention inlassable, avec un amour fervent, avec un engagement mûri, et lorsque, dans sa communauté tout entière, à travers la fidélité de chaque chrétien à sa vocation, elle la transmet et la réalise dans la vie humaine. De cette manière se trouve confirmé ce que nous avons déjà rappelé ci-dessus, à savoir que l'homme est et devient toujours le "chemin" de la vie quotidienne de l'Eglise »[165].

Jean-Paul II est véritablement un modèle pour tous les fidèles du Christ. Si nous reprenons les titres des différents paragraphes précédents, nous retrouvons des pistes d'action afin de vivre nous aussi la double dimension de la vie chrétienne : miséricorde et nouvelle évangélisation. En effet, chacun est appelé à la prière, à accomplir des œuvres de miséricorde, à demander et recevoir le pardon, à vivre l'universalité catholique dans l'œcuménisme et le dialogue inter-religieux. Certes, nous le vivrons à des degrés différents, suivant nos charismes propres, et la responsabilité qui nous incombe par la mission au cœur de l'Église. Mais tous nous sommes conviés sur cette route tracée par Jean-Paul II en tant père de la nouvelle évangélisation parce qu'apôtre de la miséricorde.

---

[165] Jean-Paul II, *Redemptor Hominis*, 4 mars 1979, n° 21.

Chapitre 4

Expériences de la mise en œuvre de réalités missionnaires

Après les réflexions que nous venons de faire, il semble opportun de prendre le temps de considérer concrètement la mise en œuvre de la nouvelle évangélisation. On ne redira jamais assez : tout fidèle du Christ est appelé à être missionnaire car cela fait partie de sa nature même. Certes, nous n'avons pas les mêmes charismes ni les mêmes vocations particulières mais tous nous sommes appelés à aller de toutes les nations faire des disciples en étant envoyés par le Seigneur. En s'appuyant sur la grâce de son baptême, le disciple de Jésus doit en premier lieu approfondir sa foi et en vivre afin qu'avec l'aide de l'Esprit Saint il approfondisse son union au Christ qui le conduira à une union plus grande à ses frères et l'engagera dans l'annonce de la Bonne Nouvelle.

Parmi les nombreuses expériences magnifiques qui scintillent dans la vie de l'Église, au cœur des nombreuses initiatives qui sont mises en œuvre, il a semblé opportun d'en sélectionner quatre très simples. Quels ont été les critères de choix ?

1. Que ce soit dans des domaines bien distincts de la vie pastorale. Il y a donc un événement paroissial, une réalité vécue au cœur d'un mouvement ecclésial, la mise en œuvre de l'évangélisation dans l'entreprise et dans l'éducation.

2. La présentation d'une possibilité d'évangélisation qui soit tant directe qu'indirecte. Ainsi dans la paroisse et dans les mouvements ecclésiaux l'annonce du Christ est explicite, tandis qu'en entreprise, par la mise en œuvre de la doctrine sociale de l'Église, ou dans l'enseignement, l'évangélisation se fera d'une manière que l'on peut dire implicite.

3. L'idée est aussi que tous les lecteurs puissent se dire : « Finalement c'est possible ! » En effet, les témoins, qui ont bien voulu partager leur expérience, ne sont pas des « techniciens spécialistes de l'évangélisation », mais des fidèles laïcs amoureux du Christ qu'ils désirent annoncer. Pour chacun, il a fallu une rencontre, une authentique démarche de conversion qui les a conduits à dire : « Je ne peux pas garder cela pour moi ! » Ils ont ensuite accepté d'aller vers l'infini ou l'inconnu de l'expérience missionnaire en lien avec l'Église. Guidés par les pasteurs (évêques et prêtres), ils ont mis leurs charismes au service de la mission en dépassant leurs appréhensions[166].

Puisse la lecture de ces témoignages donner ou redonner le désir d'être acteur de la nouvelle évangélisation. N'ayons pas peur d'entrer dans l'audace de la foi à la suite des Apôtres, des missionnaires qui ont répondu à l'appel du Seigneur malgré les tempêtes du monde et leur propre faiblesse s'appuyant ainsi sur la miséricorde du Rédempteur de l'homme.

---

166 Merci à Marie-Hélène, Maryse, François et Jean-François qui ont bien voulu accepter de nous donner leur témoignage, nous le livrant chacun d'en son style propre.

Devenir Disciple bien-aimé

« Quant au bateau, il était déjà loin de la terre, à un grand nombre de stades, tourmenté par les vagues, car le vent était contraire. A la quatrième veille de la nuit, il vint vers eux, marchant sur la mer. Les disciples, le voyant s'avancer sur la mer, furent troublés : "C'est un fantôme !" disaient-ils, et de peur ils crièrent. Mais aussitôt [Jésus] leur parla, disant : "Courage ! c'est moi ; n'ayez pas peur." Pierre, lui répondant, dit : "Seigneur, si c'est bien toi, ordonne que je vienne vers toi sur les eaux." Il dit : "Viens." Et, descendant du bateau, Pierre marcha sur les eaux et vint vers Jésus. Mais en voyant le vent, il eut peur, et comme il commençait à enfoncer, il cria : "Seigneur, sauve-moi !" Aussitôt Jésus, étendant la main, le saisit, et il lui dit : "Homme de peu de foi, pourquoi as-tu douté ?" Et quand ils furent montés dans le bateau, le vent tomba. Ceux qui étaient dans le bateau se prosternèrent devant lui, en disant : "Vraiment, tu es Fils de Dieu !" »[167]

Évangélisation de rue en lien avec une paroisse

Évangélisation : voici un mot évocateur de rivages et de pays lointains. Peu à peu ce terme nous est devenu plus familier depuis que Jean-Paul II a parlé de « nouvelle évangélisation ».

---
[167] Matthieu 14, 24-33.

Nous comprenons sa signification mais nous ne voyons guère ce que nous pouvons faire et comment le faire. Puis, si nous y portons attention, nous nous apercevons qu'elle peut prendre des formes différentes, par exemple :

- Celle qui vient de l'intérieur de nous-mêmes et se transmet aux autres ; elle se dispense dans la vie de tous les jours.
- Celle qui fait l'objet d'une démarche spécifique. Et là nous avons été projetés dans l'inconnu par notre prêtre qui nous a proposé de participer à une évangélisation de rue dans un diocèse bénéficiant d'une solide expérience dans ce domaine. En ce qui me concerne la proposition est enthousiasmante, il s'agit de l'attrait du nouveau, de l'inconnu, de nouvelles rencontres, bref, d'une expérience qui me séduit

Parallèlement je me demande comment il est possible de faire une évangélisation de rue sans être soupçonné d'appartenir une secte. A une certaine époque il était bien entendu que les catholiques devaient se garder de se présenter en faisant du porte à porte. Quels sont les moyens mis à notre disposition pour interpeler les passants sans qu'ils ne prennent cela pour une ingérence dans leur vie ?

Malgré mes légitimes appréhensions quant à mes capacités dans ce domaine, je suis toute à la joie d'une expérience nouvelle ; puisque nous travaillerons pour Dieu il sera le plus sûr des avocats.

Grâce à notre prêtre nous lions rapidement connaissance avec nos compagnons et nous commençons la journée par une heure d'adoration ; je note au passage que toutes nos journées devraient commencer ainsi. Ensuite notre « travail » consiste à proposer, sur la place du marché et aux alentours, deux par deux, le programme spécialement conçu pour la semaine qui suit : concert,

Devenir Disciple bien-aimé

exposition de peinture, jeux pour enfants, conférence, paëlla géante ouverte à tous, et à engager un échange au niveau de la foi.

Chaque matin un stand est installé à la porte de l'église ; les personnes présentes font de même avec les passants en les invitant à s'asseoir ou à entrer dans l'église. Nous-mêmes alternons présence sur le terrain et permanence sur le stand. Quelqu'un est intéressé par la peinture ? Nous l'accompagnons sur le lieu de l'exposition qui jouxte l'église, ce qui permet de proposer aussi un temps de prière.

Au début, je me contente d'écouter, de noter la phrase, le mot, l'attitude qui convient pour capter l'attention de l'autre. Si un sourire répond au sourire, c'est gagné ; l'échange aura lieu, peut-être court, mais sans doute aura-t-il marqué notre interlocuteur. Petit à petit je trouve moi aussi quelques mots pour un échange à trois. Il faut répondre aux questions le plus justement possible, ne heurter personne et si, bien-sûr, des connaissances ou une expérience sont les meilleurs atouts, il faut d'abord laisser parler son cœur. Mes craintes sont dissipées, personne n'est agressif, tout au plus avons-nous à faire à des personnes qui, pour des motifs divers (ils sont pressés, indifférents...) déclinent notre invitation.

Nous avons fait une démarche spéciale chez les commerçants afin de leur proposer, pour eux-mêmes et leurs clients, des tickets repas pour la paëlla citée plus haut. Cette proposition est plutôt bien accueillie. Nous apprendrons plus tard que ce repas a réuni trois cents personnes. L'appel a été entendu et l'objectif, rassembler le plus de monde possible, a été atteint.

Ces quelques jours furent une vraie découverte. Nous avons vérifié que la foi, le dynamisme, la démarche des autres nous portent. Il y a comme un phénomène de contagion, un effet boule de neige pour ceux qui proposent et cela rejaillit sur notre relation à l'autre et notre relation à Dieu. Au-delà des mots c'est notre être intérieur qui se comble et l'évangélisateur devient aussi l'évangélisé. Le corollaire étant que, au-delà de ce contexte précis, la qualité de nos relations est vitale. C'est avec et par d'autres que la relation avec Dieu se réalise.

Nous étions au cœur d'une dynamique que nous pouvons faire rayonner, d'une façon ou d'une autre, là où nous vivons. En partageant cette expérience, nous avons réalisé que ce qui nous paraissait difficile ou hors de notre portée, en réalité ne l'est pas, qu'il est important qu'une paroisse multiplie les initiatives, soit ouverte sur ce qui se fait ailleurs, que les différences ne soient pas un obstacle mais une richesse.

Nous sommes conscients de la Grâce qui nous a été donnée et nous remercions notre prêtre de nous avoir permis de vivre ces quelques jours.

Une chose est certaine, je ne le croyais pas, mais évangéliser c'est possible !

Évangéliser par la mise en œuvre d'un mouvement dans une paroisse, ou comment le Seigneur œuvre dans les cœurs de paroissiens et de leur pasteur pour mettre en œuvre un mouvement missionnaire au sein de la Paroisse.

Ce que je vais partager avec vous maintenant, c'est comment le Seigneur œuvre dans les cœurs, comment Il vient nous toucher, comment Il nous appelle à le suivre. Comment Il nous donne Marie et comment Il peut mettre en œuvre un mouvement dans une paroisse.

Devenir Disciple bien-aimé

Il y a un peu plus de 10 ans, sur mon chemin de re-conversion, je rencontrais régulièrement un prêtre. Un jour, il me dit à la fin d'une rencontre : *« Priez la Vierge Marie, confiez-vous à elle, dites une dizaine de chapelet »*. Ce que je n'ai pas fait car je ne comprenais pas du tout cette prière. Je n'y arrivais pas. Seul Jésus comptait pour moi.

C'était sans compter la volonté du prêtre qui m'a demandé de réciter seulement trois *« Je vous Salue Marie »*, me conseillant, en intériorisant, de prendre simplement la main de Marie en la regardant avec les yeux du cœur.

Cette fois, je me suis exécutée sans grande conviction, lui expliquant que je ne comprenais vraiment pas pourquoi ni comment je pouvais prier en répétant des dizaines de fois le « Je vous salue Marie ».

C'est alors qu'il m'a prêté un livre *« Le Rosaire en Équipes du Père Eyquem »*. J'ai lu ce livre d'un trait tout en me disant « mais c'est ça, c'est ça, oui c'est vraiment ce que je recherche ». C'était ça pour moi, l'évangélisation, tout simplement de témoigner de l'amour de Jésus pour nous dans notre vie de tous les jours dans la simplicité de nos chemins de vie, là où Dieu nous a placés.

J'ai relus ce livre plusieurs fois et à chaque fois, je ressentais quelque chose d'indéfinissable, une certitude, une réponse : ça correspondait exactement pour moi au moyen de faire connaître Jésus, avec des mots simples, des gestes simples, ceux de la vie de tous les jours, là où nous sommes, à la maison, en famille, au travail, avec des amis, avec toutes les personnes que Dieu met sur notre route.

Toujours la même certitude m'envahissait : « Oui, c'est ça, c'est vraiment ça ». Mais comment mettre en route une équipe, cela me paraissait insurmontable. Pourtant, envers et contre tout, j'avançais dans ce sens tout en me disant « mais dans quoi tu t'embarques encore !!! ». Je me suis alors rendue compte que mes seules forces ne suffiraient pas à la tâche.

J'en ai parlé à deux autres personnes en leur proposant de prier ensemble en Équipe du Rosaire avec le fascicule d'Equipe élaboré par le Mouvement des Équipes du Rosaire à Paris.

Convaincues toutes les trois, nous avons prié l'Esprit Saint et confié à Marie notre intention de rencontrer le curé de la Paroisse pour lui dire notre désir de mettre en route une Equipe du Rosaire du Père Eyquem avec les fascicules du Mouvement des Equipes du Rosaire, et lui demander sa bénédiction et son soutien. Pour la petite histoire, si vous saviez comment nous appréhendions de le rencontrer, un peu comme des enfants demandant une autorisation qui a peu de chance d'être acceptée !

Rendez-vous pris, notre curé nous a reçues, et écouté nos explications avec force détails certaines qu'il ne connaissait pas le Mouvement des Equipes du Rosaire pour arriver enfin à lui proposer de commencer une Equipe d'ici la rentrée de septembre.

C'est alors qu'il nous a dit : *« Pourquoi voulez-vous commencer en septembre ? Commencez tout de suite, le mois prochain en Mars, c'est le mois de Saint Joseph !!! »* Alors là, comme disent les jeunes on était scotchées, on ne savait plus quoi dire et… on n'était pas au bout de nos surprises. Il nous a acheté une statue de la Vierge, l'a bénie et nous a missionnées en nous disant « vous aurez le souci de prier pour la conversion du groupement paroissial.

Nous sommes rentrées très émues et avons repris le cours de nos activités. C'est ainsi qu'une première Equipe du Rosaire s'est mise en route au sein du Groupement Paroissial.

Nous étions loin de penser que notre nouveau curé, de son côté, priait la Vierge Marie de l'éclairer pour que le Christ soit annoncé dans la paroisse.

Le mouvement c'est ensuite développé non seulement sur le Groupement Paroissial mais également sur l'ensemble du diocèse.

Evangéliser en entreprise ?

Ayant tout au long de ma vie professionnelle écouté et conseillé des chefs d'entreprise en butte aux difficultés quotidiennes du management des personnes , je me suis tout naturellement posé la question de ce que j'allais faire une fois achevée cette partie de ma vie professionnelle et de ma vie tout court. Arrivé en effet, à presque 60 années de vie, je me suis dit qu'était venu le temps de transmettre ou tout au moins d'essayer de transmettre aux plus jeunes l'expérience ainsi acquise de la coopération avec les hommes au travail, sachant que chacun de nous, en principe passe le tiers de sa vie à travailler avec d'autres et qu'il convient donc de ne pas y perdre son temps encore moins son âme !

Une autre question me taraudait : ne devais-je pas désormais consacrer tout mon temps à l'évangélisation puisque je suis un laïc catholique et que L'Eglise visiblement manque de bras mais pas de travail…

Quelques appels au diaconat vinrent sensibiliser en moi ce questionnement mais après une réflexion partagée d'ailleurs avec mon épouse, mon appétence pour l'enseignement social de L'Eglise me conduit à décider de ne pas me mettre en retraite ni de devenir clerc mais tout simplement de me donner les moyens de disposer librement de mon temps pour diffuser auprès du plus grand nombre et en particulier des plus jeunes les magnifiques principes de la Doctrine Sociale de L'Eglise. Je considérais d'ailleurs et je considère encore qu'il existe, comme l'ont rappelé nos derniers pontifes, un lien ténu et évident entre évangélisation et diffusion de la doctrine Sociale chrétienne.

Depuis ma jeunesse étudiante, et tout au long de ma vie, j'ai toujours eu ce goût prononcé, pour la question sociale et politique, cet amour de la Cité et ce désir profond de trouver les règles les plus ajustées à l'organisation des rapports sociaux et à la construction d'une société où il fait bon vivre et où surtout y vivre trouve un sens.

J'ai eu la chance de rencontrer des hommes passionnés par la res publica, véritables maîtres à penser – je songe à Jean Ousset, à Gustave Thibon, à Charles Rambaud – et également des maîtres spirituels comme le Père Marie Dominique Philippe ou le Père Finet et plus récemment Mgr Dominique Rey.

J'ai donc créé un cabinet de consultant[168] ayant pour vocation de former et d'accompagner tous ceux et celles qui, au sein des entreprises – et des communautés humaines – exercent des missions de commandement et de management des personnes.

La question du Travail se retrouve au cœur de l'enseignement social-chrétien : rappelons-nous que la grande encyclique « inauguratrice » de la partie contemporaine de la doctrine sociale de L'Eglise, *Rerum Novarum* a été écrite par Léon XIII à la fin du XIX ° siècle pour rappeler à la raison et à l'amour les responsables d' monde industriel alors en plein essor mais totalement oublieux du respect de la personne humaine et des règles les plus élémentaires de la justice sociale.

---

168 On trouvera tous les renseignements concernant ce cabinet et on pourra le contacter en allant sur le site internet : http://www.fjdeveloppement.com/

Devenir Disciple bien-aimé

Sur ce plan, notre époque ressemble malheureusement au XIX ° siècle, car la mondialisation a redonné au libéralisme débridé de bonnes couleurs et surtout fait réapparaître des situations d'une incroyable injustice, semblant jeter aux oubliettes la dignité première de la personne, finalité de toute organisation humaine politique et sociale.

Un véritable désastre ! Désastre matériel de milliers de familles n'arrivant que très difficilement à survivre ; désastre psychologique des très nombreux jeunes ayant perdu toute confiance dans leurs employeurs et de façon plus générale dans tout ce que nos nations comptent de responsables économiques ou politiques ; désastre de nos sociétés occidentales passant de la culpabilité maladive et permanente à l'arrogance imbécile, en tout cas, semblant quitter le chemin du courage et de la responsabilité…

Il est donc urgent de redonner un sens aux choses, de redonner de la vision et de l'espérance aux plus jeunes, de remettre au service des décideurs de tous niveaux, les lumières de l'enseignement de L'Eglise.

Notre chance en ce début du XXI ° siècle, est l'arrivée d'un pape théologien et amoureux de la Doctrine Sociale Chrétienne, parce qu'amoureux de l'homme. L'encyclique *Caritas in Veritate*, qui constitue une magnifique actualisation de l'enseignement traditionnel de l'Eglise catholique sur les questions économiques et sociales, vient ainsi accroître cette richesse à mettre au service des hommes de notre temps semblant dépourvus de tous repères éthiques.

La question du commandement, du management, du leadership dans l'entreprise est centrale de la question sociale et même da la question économique.

En effet, le développement des entreprises dépend en grande partie du mode de management choisi de même que le développement personnel des salariés qui y travaillent dépend en grande partie de la manière dont ils sont considérés et traités par leurs responsables hiérarchiques. Et lorsque nous parlons de « développement des personnes », rappelons-nous précisément comment Benoît XVI considère le « développement intégral » des personnes, corps, âme, esprit, pourrions-nous dire…tout l'homme, pas seulement sa compétence mais aussi ses talents et charismes et surtout son identité profonde, sa vocation en quelque sorte.

Il est donc évident qu'en formant les personnes au management, en les accompagnants, on peut assez naturellement leur proposer, sans obligatoirement le faire de façon explicite, les principes sociaux chrétiens. Ce qui nous autorise à le faire vient du fait que les principes chrétiens appliqués au management des entreprises ont depuis bien longtemps prouvé leur efficacité économique : la réussite économique d'une entreprise passe par la mobilisation de tous les acteurs de l'entreprise et de chacun de ses salariés.

Les salariés seront d'autant plus enclins à faire réussir l'entreprise qu'eux-mêmes réussiront parce qu'ils seront justement considérés et qu'ils s'enrichiront par leur travail : richesse matérielle mais surtout humaine, c'est-à-dire, développement de leurs compétences, leur personnalité et leur identité profonde.

C'est là que nous comprenons aussi le conseil du Christ : *« préoccupez-vous plutôt du Royaume de Dieu et Dieu vous accordera le reste »*[169]. Préoccupons nous de faire grandir nos collaborateurs, inquiétons-vous de leur développement personnel et nous réussirons sur un plan économique ; la richesse de notre entreprise réside dans les hommes et les femmes qui travaillent pour nous, plus que dans nos placements financiers et nos magouilles commerciales qui ne durent qu'un temps et qui finissent par tuer la richesse et la valeur de notre entreprise…

J'ai d'ailleurs choisi comme devise pour mon travail professionnel le fameux « Deviens ce que tu es » de St Augustin. Tout l'enjeu de la réussite

---

[169] Cf Matthieu 6, 33.

économique et humaine est ainsi résumé : permettre à chacun dans l'entreprise de trouver la place qui est la sienne, le lieu où il pourra plus facilement se donner, donner le meilleur de lui-même pour le plus grand bénéfice de l'entreprise elle-même…et donc pour le plus grand bien de tous ses camarades et collaborateurs de l'entreprise, en fait, pour le « Bien commun » de la communauté de travail sans oublier le bien du client, satisfait du produit et du service ainsi reçu !

Si, par un management respectueux, vertueux, l'on conduit ainsi les collaborateurs à trouver plus facilement leur place dans la coopération avec les autres, on libère en eux naturellement, la joie et la paix, conditions indispensables à l'ouverture de leur cœur et de leur intelligence vis-à-vis de Celui qui est la source précisément de cette joie et de cette paix.

A l'inverse, l'homme malheureux parce que ne trouvant pas de sens véritable dans son travail sera plus enclin à la tristesse, le découragement voire la révolte et risque à l'évidence de rester sourd aux appels de Celui qui l'aime et l'appelle à se réaliser en se donnant aux autres. Celui qui, au sein de l'entreprise n'est pas considéré, pris en compte, respecté, aura de grandes difficultés à faire des efforts au service du Bien commun, au service de ses camarades de travail, au service du développement de l'entreprise qui finalement ne l'aime pas.

L'on voit donc bien qu'en œuvrant pour faire conduire les décideurs à choisir les principes d'un management chrétien, on prépare les intelligences et les cœurs à découvrir et comprendre qui est Celui qui en est l'auteur et le créateur. On conduit naturellement les acteurs de l'entreprise à tous les niveaux à choisir le bien et la justice, le respect des personnes plutôt que leur exploitation, la réussite collective plutôt que la course insupportable, stressante et destructrice d'un individualisme autant exacerbé que mortifère. On évangélise les rapports sociaux, on christianise le fonctionnement des communautés de travail : sont reconnus et primés le travail de qualité, la performance mais aussi l'esprit d'entraide, d'équipe, l'honnêteté .Sont réprimés la tricherie, le travail bâclé, l'esprit individualiste…

Si l'on veut que le message du Seigneur soit entendu, accueilli, compris, ne faut-il pas d'abord comme « dépolluer » les esprits contemporains qui restent sourds aux appels divins tant est bruyant le vacarme du discours païen contemporain. La réussite personnelle y est fondée sur l'écrasement de l'autre, et l'impératif mondialiste nous enjoint de combattre par tous moyens y compris les plus sinistres le concurrent devenu un véritable ennemi économique qu'il convient de mettre à terre et de détruire.

Evangéliser nécessite donc de commencer par nettoyer le terrain et prédisposer les personnes et je pense que la diffusion de la Doctrine Sociale de l'Eglise représente, dans le monde de l'entreprise, le plus efficace moyen de préparation à l'évangélisation. Dans un certain sens c'est même déjà une évangélisation implicite.

Se pose alors la question de l'annonce explicite de L'Evangile dans l'entreprise…

- Ai-je le droit d'annoncer explicitement ma foi au Christ ? Quelle légitimité ai-je pour le faire à l'occasion de mon travail ?
- Avant de répondre à cette question, ne faut-il pas d'abord préciser ce que l'on entend par « annoncer L'Evangile » ?
- Est-ce de porter ostensiblement une médaille de Marie ? Est-ce d'accrocher sur le mur de mon bureau ou de mon atelier une icône du Seigneur ?

Je pense qu'un chrétien qui vit réellement de sa foi au Christ parce qu'il a fait avec Lui une rencontre personnelle, ne peut s'empêcher de vouloir en faire profiter ses proches y compris dans l'entreprise sauf à considérer dans une conception psychologique de la vie spirituelle que la foi ne relève que du strict domaine privé. C'est d'ailleurs ce que pensent et affirment les partisans d'un laïcisme anti religieux qui sent un peu la naphtaline…C'est parfois aussi une conception de la « religion » qui met sur le même plan la foi en Jésus Christ et le yoga ou encore la sophrologie : chacun possède son truc pour adoucir sa vie…

Annoncer l'Evangile c'est annoncer que Dieu est Père et nous aime, qu'Il a envoyé Son fils qui a donné sa vie pour nous, est ressuscité et que si nous le désirons nous sommes sauvés.

Une autre question « préalable » ne semble pas inutile : quel est l'intérêt de faire une annonce vraiment explicite, un témoignage de foi kérygmatique devant la communauté de travail, quelle en sera l'efficacité en termes d'évangélisation ?...Le pape Benoît XVI vient précisément, lors du congrès à Rome sur la nouvelle évangélisation en octobre 2011 de rappeler l'importance d'avoir à l'esprit le souci de l'efficacité de l'évangélisation.

Une fois posés ces « préalables », se pose donc la question de la légitimité à annoncer l'Évangile au sein de nos milieux de travail. Si ma foi fait partie de mes convictions profondes, on pourrait dire de mon identité, ce que je suis, alors personne ne peut m'interdire de dire librement qui je suis, de vivre selon ce qui me fait vivre précisément. Ai-je d'ailleurs en tant que chrétien le droit de me soustraire à cette annonce du Christ, *« malheur à moi si je n'annonce pas l'Evangile ! »*[170]

Il faut donc évangéliser, c'est une certitude mais la question qui vient immédiatement est celle de savoir « comment » évangéliser ?

Mon saint patron, François de Salles dit un jour « ne parle du Christ que si l'on t'interroge, mai vis de telle manière que l'on t'interroge ! »

---

170 Cf Saint Paul, Première lettre aux Corinthiens 9, 16.

Pour ma part je pense que dans l'entreprise, en France, du moins, adopter cette posture non pas timorée ou peureuse est plus efficace que l'évangélisation explicite et permanente. Je ne pense pas que nous soyons autorisés à annoncer explicitement, (sauf si l'on nous questionne bien entendu) notre foi. Ce n'est pas d'abord par une annonce explicite que nous évangéliserons dans l'entreprise mais bien davantage par le témoignage en faveur des plus pauvres, de la justice et de la vérité.

Qui n'a pas le souvenir d'avoir vécu dans son travail des moments de difficultés collectives (plan social, grève etc...) à l'occasion desquelles, on a pu voir certains prendre des positions courageuses en fonction du Bien commun et non pas de leur seul intérêt personnel : c'est là que le chrétien interrogé sur le fondement de ses positions est « autorisé » à en donner la source explicite. « *Primum agere, deinde docere* » ou encore Paul VI « L'homme contemporain écoute plus volontiers les témoins que les maîtres ou s'il écoute les maîtres, c'est parce qu'ils sont des témoins. »[171]

Ceci étant dit, chacun est légitime à porter sur sa poitrine ou autour de son coup, la croix ou la médaille de Ceux qui les font vivre, sachant qu'à partir de cela ils faut en vivre vraiment et que le monde d'aujourd'hui ne tolère pas les faux pas, encore moins les faux-culs !

---

[171] Cf Paul VI, Exhortation Apostolique *Evangelii Nuntiandi*, 8 décembre 1975, n° 41.

Devenir Disciple bien-aimé

Evangéliser dans un collège en ZEP ?

Evangéliser dans un collège public, de ZEP ou d'ailleurs, est rigoureusement proscrit, laïcité oblige. Je me l'interdis donc formellement. Le travail pourtant est incessant, et s'effectue comme malgré moi.

Il procède d'abord du contenu même des matières que j'enseigne : Histoire, Géographie, Education Civique. Il faut être d'une totale mauvaise foi pour ne pas voir à quel point le contenu même de notre Histoire suinte le catholicisme : peu de séances ne me donnent aucune occasion de faire connaître à mes élèves ma religion : en 6ème, l'Histoire des Hébreux (le manuel contient de nombreux passages de la Bible), les débuts du christianisme (là encore, nombreux textes du Nouveau Testament), la christianisation de l'Empire romain, Clovis, Charlemagne et Byzance. En 5ème, la France chrétienne, la chevalerie, Louis XIV, le roi « très chrétien ». En 4ème, les Lumières, la Révolution, dont il n'est pas difficile de montrer que, malgré leur manifestation nettement anti-chrétienne, leur inspiration se trouve dans les évangiles (les « idées chrétiennes devenues folles » dont parlait Chesterton) : la lecture de la Déclaration des droits de l'Homme de 1789, mise dans une perspective chrétienne, est un excellent instrument d'évangélisation. Le cours de Géographie met de lui-même en évidence que la carte de la démocratie, de la prospérité, de la paix et de la tolérance religieuse correspond à peu près à celle de l'expansion du christianisme. L'Education civique donne mainte occasion de raccrocher, si l'on veut faire son travail de bonne foi, chaque principe (liberté, égalité, fraternité, laïcité) à notre culture chrétienne, et de laisser les élèves faire un parallèle avec d'autres principes en vigueur dans d'autres cultures.

L'évangélisation passe en outre par le rapport personnel d'un professeur avec ses élèves. Il y a une manière de les regarder, tous, comme des créatures de Dieu que j'ai la mission de faire grandir, de construire, ce dont bien souvent leur famille même n'a aucun souci. Ils le sentent tout de suite, et certains m'en vouent une reconnaissance parfois débordante. L'amour me semble être le défaut de leur cuirasse, beaucoup souffrant d'une carence de ce point de vue. Les cas de figure sont à cet égard multiples : enfants non désirés, parfois rejetés par leurs deux parents, battus, ou encore issus de couples désunis, mariés sans amour, filles promises en mariage à des cousins du « bled » qu'elles n'ont jamais vus... Ils savent que je suis chrétien : si je ne le dis jamais spontanément, je ne vois pas ce qui m'interdirait de répondre quand on me pose la question. Il n'est bien sûr pas possible de savoir ce qu'il en ressortira, mais je ne peux pas ne pas penser que les élèves, dont certains m'écrivent des messages d'amour au tableau ou sur des morceaux de papier, feront un jour le rapprochement entre ce professeur qu'ils apprécient tant et sa foi, qu'il ne leur a pas cachée.

Mon travail n'est pas solitaire. Je suis tout d'abord frappé de constater que plusieurs de mes collègues partagent ma foi, mes convictions, et que nous pouvons en parler, nous soutenir mutuellement, nous conseiller, nous exhorter, et même souvent prier ensemble. Cela semble extraordinaire, dans un établissement public, mais c'est comme ça. Il m'apparaît aussi que l'Esprit Saint est, bien malgré moi, à l'œuvre dans mon établissement, les signes en sont quotidiens, pour qui sait les voir. La présence d'autant de collègues chrétiens en est un, comme les nombreuses interpellations de mes élèves, dont certains viennent me voir entre les cours pour me poser des questions sur le christianisme, qui semble les fasciner. Je réponds bien sûr factuellement, sans jamais chercher à les convaincre de quoi que ce soit, mais j'ignore ce que l'Esprit leur a alors insufflé. Je raconte dans mon livre, « *Kiffe la France* »[172], des conversations surprenantes que j'ai pu avoir, et jamais à mon initiative, avec des élèves, ou des agents administratifs.

Mais ce n'est sûrement pas de moi qu'il faut parler au collège, car j'ai l'impression de n'y être qu'un figurant. Le premier rôle est tenu par une toute jeune collègue, qui n'a particulièrement pas froid aux yeux, et fait quotidiennement mon admiration. Un jour que notre principale adjointe n'avait pas le moral, elle est entrée dans son bureau et lui a tout de go proposé de prier avec elle. La « chef » en a été surprise, mais elle a aussitôt accepté, et s'est, depuis, peu à peu mise en route sur un chemin de conversion. Elle a aussi proposé à la gardienne du collège, comme elle d'origine italienne, en instance de divorce avec un musulman, de l'aider à faire découvrir sa foi chrétienne à ses trois enfants, ce que son ex-mari lui interdisait, exigeant qu'ils soient élevés dans l'islam. Ils sont aujourd'hui en instance de baptême. Elle a ramené une de nos collègues à la pratique hebdomadaire, persuadé la direction de monter un partenariat avec une association caritative catholique. J'en passe… Je suis impressionné par l'assurance tranquille de cette petite bonne femme qui paraît, sans rien dire, exercer un incomparable rayonnement. Elle est pour moi un modèle, d'abord par son humilité, la qualité qui me manque le plus pour bien accomplir ma mission !

172Jean-François Chemain, *Kiffe la France*, Via Romana, 2011.

Épilogue
Avec le Pape Benoît XVI

Après le « grand pêcheur » d'homme qu'a été le Pape Jean-Paul II, le Saint Père Benoît XVI confirme d'une manière extraordinaire ses frères dans la foi[173]. L'un et l'autre, à leur manière, invite l'Église universelle à entrer dans la nouvelle évangélisation.

Au terme de ces pages, mettons-nous à l'école de Benoît XVI. Les textes qui sont présentés ici pourraient être l'occasion d'un travail en paroisse, mouvement, communauté. Ils sont une nourriture tant intellectuelle que spirituelle.

---

[173] Cf la prédiction du Padre Pio rapportée dans le livre de Slawomir Oder, avec Saverio Gaeta, *Le vrai Jean-Paul II – L'homme, le pape, le mystique*, Presses de la Renaissance, 2011, p. 172.

Annonce de la fondation du nouveau dicastère pour la promotion de la nouvelle évangélisation

Le 28 juin 2010, au cours des premières vêpres de la solennité des saints apôtres Pierre et Paul célébrées en la Basilique de Saint Paul hors les murs, le Pape Benoît XVI a annoncé dans son homélie la création d'un « conseil pontifical de la nouvelle évangélisation ». Son désir est de doter l'Église de moyens afin de répondre à « l'éclipse du sens de Dieu » particulièrement dans les sociétés occidentales. Ce nouveau dicastère « aura pour tâche de promouvoir une évangélisation renouvelée dans les pays où la première annonce de la foi a déjà résonné et où se trouvent des églises d'ancienne fondation. »

« (…) Le serviteur de Dieu Giovanni Battista Montini, lorsqu'il fut élu Successeur de Pierre, pendant le déroulement du Concile Vatican II, choisit de porter le nom de l'apôtre des nations. Dans le cadre de son programme de mise en œuvre du Concile, Paul VI convoqua, en 1974, l'assemblée du synode des évêques sur le thème de l'évangélisation dans le monde contemporain et, environ une année plus tard, il publia l'exhortation apostolique *Evangelii nuntiandi*, qui s'ouvre par ces mots : "L'effort pour annoncer l'Evangile aux hommes de notre temps, exaltés par l'espérance mais en même temps travaillés souvent par la peur et l'angoisse, est sans nul doute un service rendu à la communauté des chrétiens, mais aussi à toute l'humanité" (n. 1). On est frappé par le caractère actuel de ces expressions. On perçoit dans celles-ci toute la sensibilité missionnaire particulière de Paul vi et, à travers sa voix, la grande aspiration conciliaire à l'évangélisation du monde contemporain, une aspiration qui atteint son sommet dans le décret Ad gentes, mais qui imprègne tous les documents de Vatican II et qui, encore auparavant, animait les pensées et le travail des pères conciliaires, venus présenter d'une manière qui n'avait jamais été aussi tangible la diffusion mondiale atteinte par l'Eglise.

Les paroles ne sont pas nécessaires pour expliquer comment le vénérable Jean-Paul II, au cours de son long pontificat, a développé cette projection missionnaire, qui — cela doit toujours être rappelé — répond à la nature même de l'Eglise, laquelle, avec saint Paul, peut et doit toujours répéter : "Annoncer l'Evangile, ce n'est pas là un motif d'orgueil, c'est une nécessité qui s'impose à moi; malheur à moi si je n'annonçais pas l'Evangile !" (1 Co 9, 16). Le Pape Jean-Paul II a représenté "en personne" la nature missionnaire de l'Eglise, à travers ses voyages apostoliques et avec l'insistance de son Magistère sur l'urgence d'une "nouvelle évangélisation" : "nouvelle" non dans ses contenus, mais dans l'élan intérieur, ouvert à la grâce de l'Esprit Saint qui constitue la force de la loi nouvelle de l'Evangile et qui renouvelle toujours l'Eglise ; "nouvelle" dans la recherche de modalités qui correspondent à la force de l'Esprit Saint et qui soient adaptées à l'époque et aux situations ; "nouvelle" car également nécessaire dans des pays qui ont déjà reçu l'annonce de l'Evangile. Il est évident pour tous que mon prédécesseur a donné une impulsion extraordinaire à la mission de l'Eglise, non seulement — je le répète — en raison des distances qu'il a parcourues, mais surtout de l'esprit missionnaire authentique qui l'animait et qu'il nous a laissé en héritage à l'aube du troisième millénaire.

En recueillant cet héritage, j'ai pu affirmer, au début de mon ministère pétrinien, que l'Eglise est jeune, ouverte à l'avenir. Et je le répète aujourd'hui, près du sépulcre de saint Paul : l'Eglise représente dans le monde une immense force rénovatrice, assurément non grâce à ses propres forces, mais par la force de l'Evangile, dans lequel souffle l'Esprit Saint de Dieu, le Dieu créateur et rédempteur du monde. Les défis de l'époque actuelle sont certainement au-dessus des capacités humaines : c'est le cas des défis historiques et sociaux, et à plus forte raison des défis spirituels. Il nous semble parfois, à nous pasteurs de l'Eglise, de revivre l'expérience des apôtres, lorsque des milliers de personnes dans le besoin suivaient Jésus, et qu'Il demandait: que pouvons-nous faire pour toutes ces personnes ? Ceux-ci faisaient alors l'expérience de leur impuissance. Mais Jésus lui-même leur avait démontré qu'avec la foi en Dieu rien n'est impossible, et que quelques pains et quelques poissons, bénis et partagés, pouvaient nourrir tout le monde. Mais il n'y avait pas — et il n'y a pas — seulement la faim de nourriture matérielle : il y a une faim plus profonde que Dieu seul peut rassasier. Même l'homme du troisième millénaire désire une vie authentique et pleine, a besoin de vérité, de liberté profonde, d'amour gratuit. Même dans les déserts du monde sécularisé, l'âme de l'homme a soif de Dieu, du Dieu vivant. C'est pourquoi Jean-Paul II a écrit : "La mission du Christ Rédempteur, confiée à l'Eglise, est encore bien loin de son achèvement. Au terme du deuxième millénaire après sa venue, un regard d'ensemble porté sur l'humanité montre que cette mission en est encore à ses débuts et que nous devons nous engager de toutes nos forces à son service" (Enc. *Redemptoris missio*, n. 1). Il existe des régions dans le monde qui attendent encore une première évangélisation ; d'autres qui l'ont reçu, mais qui ont besoin d'un travail plus approfondi ; d'autres encore où l'Evangile a planté depuis longtemps ses racines, donnant lieu à une véritable tradition chrétienne, mais où, au cours des derniers siècles — à travers des dynamiques complexes —, le processus de sécularisation a produit une grave crise du sens de la foi chrétienne et de l'appartenance à l'Eglise.

Dans cette perspective, j'ai décidé de créer un nouvel organisme sous la forme d'un "Conseil pontifical", ayant pour tâche spécifique de promouvoir une évangélisation renouvelée dans les pays où a déjà retenti la première annonce de la foi et où sont présentes des Eglises d'antiques fondation, mais qui vivent une sécularisation progressive de la société et une sorte d'"éclipse du sens de Dieu", qui constituent un défi à trouver des moyens adaptés pour reproposer la vérité éternelle de l'Evangile du Christ. (…) »

Congrès des acteurs de la nouvelle évangélisation promu par le dicastère pour la promotion de la nouvelle évangélisation

Les 15 et 16 octobre 2011, s'est tenue au Vatican un congrès international organisé par le dicastère pour la promotion de la nouvelle évangélisation. A cette occasion le Saint Père Benoît XVI s'est exprimé tout d'abord dans la salle Paul VI (le 15 octobre 2011) et le lendemain (le 16 octobre 2011) lors de la Messe dominicale célébrée en la Basilique Saint Pierre.

Ces deux documents se complètent mutuellement. Ils donnent en quelque sorte une ligne de conduite pour la mise en œuvre de la mission. Benoît XVI, avec son charisme exceptionnel d'enseignant, y reprend les points essentiels d'une authentique démarche missionnaire s'enracinant dans la vie de l'Église. Ces mots du Pape sont aussi un envoi en mission qui prend sa source en une foi inébranlable en la Parole de Dieu toujours agissante aujourd'hui et qui a besoin de témoins pour être portée au monde actuel, tout particulièrement dans les pays de vieille chrétienté qui se sécularisent en vivant comme si Dieu n'existait pas !

Discours aux participants du congrès international (15 octobre 2011)

« (…) Vous avez choisi comme phrase-guide pour votre réflexion d'aujourd'hui l'expression : "La Parole de Dieu croît et se multiplie". A plusieurs reprises et en diverses circonstances, l'évangéliste Luc dans le Livre des Actes des Apôtres utilise cette formule, où il affirme en effet que "la parole de Dieu croissait et se multipliait" (cf. Ac 6, 7; 12, 24). Mais dans le thème de cette journée, vous avez modifié le temps des deux verbes pour mettre en évidence un aspect important de la foi : la certitude consciente que la Parole de Dieu est toujours vivante, à tout moment de l'histoire, jusqu'à nos jours, parce que l'Eglise l'actualise à travers sa transmission fidèle, la célébration des sacrements et le témoignage des croyants. C'est pourquoi notre histoire est en totale continuité avec celle de la première communauté chrétienne, elle vit de la même sève vitale.

Mais quel est le terrain que trouve la Parole de Dieu ? Comme à l'époque, aujourd'hui aussi, elle peut rencontrer fermeture et refus, des manières de penser et de vivre qui sont éloignés de la recherche de Dieu et de la vérité. L'homme contemporain est souvent confus et il ne parvient pas à trouver une réponse à beaucoup d'interrogations qui tourmentent son esprit sur le sens de la vie et les questions qu'abrite le plus profond de son cœur. L'homme ne peut pas éluder ces questions qui touchent sa propre signification et celle de la réalité, il ne peut pas vivre dans une seule dimension ! En revanche, souvent, il est éloigné de la recherche de l'essentiel dans la vie, tandis que lui est proposé un bonheur éphémère, qui contente un moment, mais laisse bien vite place à la tristesse et à l'insatisfaction.

Pourtant, malgré cette condition de l'homme contemporain, nous pouvons encore affirmer avec certitude, comme aux débuts du christianisme, que la Parole de Dieu continue de croître et de se multiplier. Pourquoi ? Je voudrais évoquer au moins trois raisons. La première est que la force de la Parole ne dépend pas en premier lieu de notre action, de nos moyens, de notre « faire », mais de Dieu, qui cache sa puissance sous les signes de la faiblesse, qui est présent dans la brise légère du matin (cf. 1 R 19, 12), qui se révèle sur le bois de la Croix. Nous devons toujours croire en l'humble puissance de la Parole de Dieu et laisser Dieu agir ! La deuxième raison est que la semence de la Parole, comme le raconte la parabole évangélique du Semeur, tombe aujourd'hui aussi dans un terrain fertile qui l'accueille et produit du fruit (cf. Mt 13, 3-9). Et les nouveaux évangélisateurs font partie de ce terrain qui permet à l'Evangile de croître en abondance et de transformer sa propre vie et celle des autres. Dans le monde, même si le mal fait davantage de bruit, on trouve encore un terrain fertile. La troisième raison est que l'annonce de l'Evangile est vraiment arrivée jusqu'au bout du monde et, même au milieu de l'indifférence, de l'incompréhension et de la persécution, beaucoup continuent encore aujourd'hui, avec courage, à ouvrir leur cœur et leur esprit pour accueillir l'invitation du Christ à le rencontrer et à devenir ses disciples. Ils ne font pas de bruit, mais ils sont comme le grain de sénevé qui devient un arbre, le levain qui fermente la pâte, le grain de blé qui s'ouvre pour donner le jour à l'épi. Tout cela, d'un côté apporte réconfort et espérance parce que cela montre l'incessant ferment missionnaire qui anime l'Eglise, mais de l'autre, cela remplit chacun d'un sens renouvelé de sa responsabilité envers la Parole de Dieu et la diffusion de l'Evangile.

Le Conseil pontifical pour la promotion de la nouvelle évangélisation, que j'ai institué l'année dernière, est un instrument précieux pour identifier les grandes questions qui interpellent les divers secteurs de la société et de la culture contemporaine. Il est appelé à offrir une aide particulière à l'Eglise dans sa mission surtout à l'intérieur des pays d'antique tradition chrétienne qui semblent devenus indifférents, voire hostiles à la Parole de Dieu. Le monde d'aujourd'hui a besoin de personnes qui annoncent et témoignent que c'est le Christ qui nous enseigne l'art de vivre, le chemin du bonheur véritable, parce qu'il est Lui-même le chemin de la vie ; des personnes dont le regard, avant tout, est fixé sur Jésus, le Fils de Dieu : la parole de l'annonce doit être toujours plongée dans un rapport intense avec Lui, dans une intense vie de prière. Le monde d'aujourd'hui a besoin de personnes qui parlent à Dieu, pour pouvoir parler de Dieu. Et nous devons aussi toujours nous souvenir que Jésus n'a pas racheté le monde avec de belles paroles ou des moyens tapageurs, mais par sa souffrance et sa mort. La loi du grain de blé qui meurt en terre est valable encore aujourd'hui ; nous ne pouvons pas donner vie à d'autres sans donner notre vie : "Qui perdra sa vie à cause de moi et de l'Evangile la sauvera" nous dit le Seigneur (Mc 8, 35). En vous voyant tous ici et connaissant le grand engagement de chacun au service de la mission, je suis convaincu que les nouveaux évangélisateurs se multiplieront toujours davantage pour donner vie à une vraie transformation dont le monde d'aujourd'hui a besoin. C'est seulement à travers des hommes et des femmes façonnés par la présence de Dieu, que la Parole de Dieu poursuivra son chemin dans le monde en portant ses fruits.

Chers amis, être évangélisateurs n'est pas un privilège, mais un engagement qui vient de la foi. A la question que le Seigneur adresse aux chrétiens : "Qui enverrai-je et qui ira pour moi ?", vous répondez avec le même courage et la même confiance que le Prophète : "Me voici, envoie-moi" (Is 6, 8). Je vous demande de vous laisser façonner par la grâce de Dieu et de répondre avec docilité à l'action de l'Esprit du Ressuscité. Soyez des signes d'espérance, capables de regarder l'avenir avec la certitude qui vient du Seigneur Jésus, qui a vaincu la mort et nous a donné la vie éternelle. Communiquez à tous la joie de la foi avec l'enthousiasme de ceux qui sont mus par l'Esprit Saint, parce qu'il rend toute chose nouvelle (cf. Ap 21, 5), confiant dans la promesse faite par Jésus à l'Eglise : "Et voici que je suis avec vous pour toujours jusqu'à la fin du monde" (Mt 28, 20).

Au terme de cette journée, demandons aussi la protection de la Vierge Marie, Etoile de la nouvelle évangélisation, tandis que j'accompagne de tout cœur chacun de vous et votre engagement de ma Bénédiction apostolique. Merci. »

Homélie lors de la Messe pour la nouvelle évangélisation (16 octobre 2011)

Les textes de la Messe étaient ceux du $29^{\text{ème}}$ dimanche du Temps Ordinaire de l'année A c'est-à-dire : Isaïe 45, 1.4-6a ; 1Thessalonicien 1, 1-5b ; Matthieu 22, 15-21.

« (…)La première (lecture), tirée du Livre d'Isaïe, nous dit que Dieu est un, unique ; il n'y a pas d'autre dieu en dehors du Seigneur, et même le puissant Cyrus, empereur de Perse, fait partie d'un dessein plus grand, que Dieu seul connaît et réalise. Cette lecture nous explique le sens théologique de l'histoire: les tournants historiques, la succession des grandes puissances sont sous la domination suprême de Dieu ; aucun pouvoir terrestre ne peut prendre sa place. La théologie de l'histoire est un aspect important, essentiel de la nouvelle évangélisation, car les hommes de notre temps, après la période néfaste des empires totalitaires du XXe siècle, ont besoin de retrouver un regard d'ensemble sur le monde et sur le temps, un regard véritablement libre, pacifique, le regard que le Concile Vatican II a transmis dans ses documents et que mes prédécesseurs, le serviteur de Dieu Paul VI et le bienheureux Jean-Paul II, ont illustré à travers leur magistère.

La deuxième lecture est le début de la Première Lettre aux Thessaloniciens, et rien que cela est très suggestif, car il s'agit de la lettre la plus ancienne qui nous soit parvenue du plus grand évangélisateur de tous les temps, l'apôtre Paul. Il nous dit avant tout que l'on n'évangélise pas de façon isolée : en effet, lui aussi avait comme collaborateurs Silvain et Timothée (cf. 1 Th 1, 1) et beaucoup d'autres. Et il ajoute immédiatement après une autre chose très importante : que l'annonce doit être toujours précédée, accompagnée et suivie par la prière. Il écrit en effet : "Nous rendons grâces à Dieu à tout moment pour vous tous, en faisant mention de vous sans cesse dans nos prières" (v. 2). L'Apôtre se dit ensuite bien conscient du fait que ce n'est pas lui, mais Dieu qui a choisi les membres de la communauté : "Vous avez été choisis", affirme-t-il (v. 4). Chaque missionnaire de l'Evangile doit toujours tenir compte de cette vérité : c'est le Seigneur qui touche les cœurs avec sa Parole et son Esprit, en appelant les personnes à la foi et à la communion dans l'Eglise. Enfin, Paul nous laisse un enseignement très précieux, tiré de son expérience. Il écrit : "Car notre Evangile ne s'est pas présenté à vous en paroles seulement, mais en puissance, dans l'action de l'Esprit Saint, en surabondance" (v. 5). L'évangélisation, pour être efficace, a besoin de la force de l'Esprit, qui anime l'annonce et diffuse en celui qui l'apporte la "surabondance" dont parle l'Apôtre. Ce terme, "surabondance", dans l'original grec, est *pleroforìa* : un terme qui exprime moins l'aspect suggestif, psychologique, que la plénitude, la fidélité, la totalité — dans ce cas, de l'annonce du Christ. Une annonce qui, pour être accomplie et fidèle, exige d'être accompagnée par des signes, par des gestes, comme la prédication de Jésus. Parole, Esprit et certitude — ainsi entendus — sont donc inséparables et contribuent à faire en sorte que le message évangélique se diffuse de façon efficace.

Nous nous arrêtons à présent sur le passage de l'Evangile. Il s'agit du texte sur la légitimité de l'impôt à payer à César, qui contient la célèbre réponse de Jésus : "Rendez donc à César ce qui est à César, et à Dieu ce qui est à Dieu" (Mt 22, 21). Mais, avant d'arriver à ce point, il y a un passage qui peut se référer à ceux qui ont la mission d'évangéliser. En effet, les interlocuteurs de Jésus — les disciples des Pharisiens et les Hérodiens — s'adressent à Lui en des termes élogieux, en disant : "Nous savons que tu es véridique et que tu enseignes la voie de Dieu en vérité sans te préoccuper de qui que ce soit" (v. 16). C'est précisément cette affirmation qui, bien que suscitée par l'hypocrisie, doit attirer notre attention. Les disciples des Pharisiens et les Hérodiens ne croient pas ce qu'ils disent. Ils l'affirment uniquement comme une *captatio benevolentiae* pour se faire entendre, mais leur cœur est bien loin de cette vérité ; au contraire, ils veulent attirer Jésus dans un piège pour pouvoir l'accuser. Pour nous, en revanche, cette expression est précieuse et vraie : en effet, Jésus est véridique et enseigne la voie de Dieu en vérité, sans se préoccuper de qui que ce soit. Lui-même est ce "chemin de Dieu", que nous sommes appelés à parcourir. Nous pouvons rappeler ici les paroles de Jésus lui-même, dans l'Evangile de Jean : "Je suis le chemin, la vérité, la vie" (14, 6). A ce propos, le commentaire de saint Augustin est illuminant : "Il lui fallait dire [...] : "Je suis la voie, et la vérité et la vie", puisque, étant connu le chemin par lequel il marchait, il ne restait à connaître que l'endroit où il allait, [...] parce qu'il allait à la vérité, à la vie ... Et nous, où allons-nous, si ce n'est à lui-même ? et par où y allons-nous, si ce n'est par lui-même ?" (In Ioh 69, 2). Les nouveaux évangélisateurs sont appelés à marcher en premier sur cette Voie qui est le Christ, pour faire connaître aux autres la beauté de l'Evangile qui donne la vie. Et sur ce chemin, on ne marche jamais seul, mais accompagné : c'est une expérience de communion et de fraternité qui est offerte à ceux que nous rencontrons, pour leur faire partager notre expérience du Christ et de son Eglise. Ainsi, le témoignage uni à l'annonce peut ouvrir le cœur de ceux qui sont à la recherche de la vérité, afin qu'ils puissent parvenir au sens de leur vie.

Une brève réflexion également sur la question centrale de l'impôt à César. Jésus répond par un réalisme politique surprenant, lié au théocentrisme de la tradition prophétique. L'impôt à César doit être payé, car l'effigie sur la pièce de monnaie est la sienne; mais l'homme, chaque homme, porte en lui une autre image, celle de Dieu, et c'est donc à Lui et à Lui seul que chacun doit sa propre existence. Les pères de l'Eglise, en partant du fait que Jésus fait référence à l'image de l'empereur frappée sur la pièce de monnaie de l'impôt, ont interprété ce passage à la lumière du concept fondamental d'homme image de Dieu, contenu dans le premier chapitre du Livre de la Genèse. Un auteur anonyme écrit : "L'effigie de Dieu n'est pas frappée sur l'or, mais sur le genre humain. La monnaie de César est l'or, celle de Dieu est l'humanité ... Donne donc ta richesse matérielle à César, mais réserve à Dieu l'innocence unique de ta conscience, où Dieu est contemplé ... En effet, César a exigé que son effigie apparaisse sur chaque pièce, mais Dieu a choisi l'homme, qu'il a créé, pour refléter sa gloire" (Anonyme, Œuvre incomplète sur Matthieu, homélie 42). Et saint Augustin a utilisé à plusieurs reprises cette référence dans ses homélies : "Si César cherche son effigie sur la monnaie — affirme-t-il —, Dieu ne cherche-t-il point son image dans l'homme ?" (En. in Ps., Psaume 94, 2). Et encore : "Il en est de Dieu comme de César, qui exige que son image soit frappée sur la monnaie ; [...] rendez à Dieu votre âme marquée à la lumière de sa face [...]. Le Christ habite chez l'homme intérieur" (ibid., Psaume 4, 8).

Cette parole de Jésus est riche de contenu anthropologique, et ne peut être réduite à son seul domaine politique. L'Eglise ne peut donc se limiter à rappeler aux autres la juste distinction entre la sphère d'autorité de César et celle de Dieu, entre le domaine politique et le domaine religieux. La mission de l'Eglise, comme celle du Christ, consiste essentiellement à parler de Dieu, à faire mémoire de sa souveraineté, à rappeler à tous, en particulier aux chrétiens qui ont égaré leur identité, le droit de Dieu sur ce qui lui appartient, c'est-à-dire notre vie. (…) »

Avec le Saint Père, confions à Marie, Mère de Dieu et notre Mère, tous les acteurs de la nouvelle évangélisation entreprise par l'Église. Qu'elle leur donne d' « être humbles et dans le même temps courageux ; simples et prudents ; doux et forts, armés non pas de la force du monde, mais de celle de la vérité ».

Éléments de Bibliographie

➢ Tous les textes de l'Écriture Sainte cités sont tirés d'une traduction de la *Bible Osty - Trinquet*.

➢ Tous les textes du Magistère de l'Église cités se trouvent sur le site internet du Saint-Siège à l'adresse suivante :

http://www.vatican.va/phome_fr.htm

➢ Pour le *Catéchisme de l'Église Catholique*, on peut se référer au site internet qui lui est consacré à l'adresse suivante :

http://www.vatican.va/archive/FRA0013/_INDEX.HTM

➢ Pour l'évangile de saint Jean la bibliographie est immense. Citons simplement les ouvrages qui ont été utilisés :

- ✓ C.H. Dodd, *L'interprétation du quatrième évangile*, Cerf – Lectio Divina n° 82, 1975.

- ✓ Cardinal Garrone, *La communion fraternelle – La dernière volonté du Seigneur*, Editions SOS, 1985.
- ✓ Annie Jaubert, *Approches de l'Évangile de Jean*, Le Seuil, Parole de Dieu, 1976.
- ✓ Joseph Ratzinger-Benoît XVI, *Jésus de Nazareth – De l'entrée à Jérusalem à la Résurrection*, Ed du Rocher, 2011.

➢ Pour le chapitre 3, « Jean-Paul II : Père de la nouvelle évangélisation parce qu'apôtre de la Miséricorde » :

- ✓ Mgr Pierre d'Ornellas, *La miséricorde dessine l'image de mon pontificat – Jean-Paul II*, Parole et Silence, 2006.
- ✓ Christoph Schönborn, *Nous avons obtenu miséricorde*, Parole et Silence, 2009.
- ✓ Pierre Le Bourgeois, *Pour annoncer l'Évangile aujourd'hui*, Salvator, 2010, p. 178 à 183.

i want morebooks!

Buy your books fast and straightforward online - at one of world's fastest growing online book stores! Environmentally sound due to Print-on-Demand technologies.

Buy your books online at
www.get-morebooks.com

Achetez vos livres en ligne, vite et bien, sur l'une des librairies en ligne les plus performantes au monde!
En protégeant nos ressources et notre environnement grâce à l'impression à la demande.

La librairie en ligne pour acheter plus vite
www.morebooks.fr

VDM Verlagsservicegesellschaft mbH
Heinrich-Böcking-Str. 6-8
D - 66121 Saarbrücken

Telefon: +49 681 3720 174
Telefax: +49 681 3720 1749

info@vdm-vsg.de
www.vdm-vsg.de

www.ingramcontent.com/pod-product-compliance
Lightning Source LLC
Chambersburg PA
CBHW032005220426
43664CB00005B/149